Antes de o Buda *ser* o Buda

Antes de o Buda *ser* o Buda

Aprendendo com os
Contos Jataka

Rafe Martin

Tradução: Joice Costa

LÚCIDA LETRA

© 2017 Rafe Martin
Título original: *Before Buddha was Buddha: learning from the Jataka tales*
Publicado originalmente por Wisdom Publications

Todos os direitos desta edição são reservados.
© 2021 Editora Lúcida Letra

Coordenação editorial: Vítor Barreto
Tradução: Joice Costa
Revisão: Nádia Ferreira
Colaborou nesta edição: Fábio Rodrigues
Capa original: Jess Morphew
Projeto gráfico e adaptação da capa: Mariana Erthal (www.eehdesign.com)

1ª edição: 10/2021

Dados Internacionais de Catalogação na Publicação (CIP)

M379a Martin, Rafe.

Antes de o Buda ser o Buda : aprendendo com os contos Jataka / Martin Rafe ; tradução Joice Costa. – Teresópolis, RJ : Lúcida Letra, 2021.

176 p. ; 23 cm.

Inclui bibliografia.

ISBN 978-65-86133-36-3

1. Contos Jataka. 2. Buda. 3. Budismo. I. Costa, Joice. II. Título.

CDU 294.3:82-34

Índice para catálogo sistemático:
1. Contos Jataka : 294.3:82-34
(Bibliotecária responsável: Sabrina Leal Araujo – CRB 8/10213)

A Danan Henry Roshi,
por seu ensinamento;

e a Sunyana Graef Roshi,
pelas oportunidades de ensinar.

Incorpore em você a dedicação de um menino que estende os cabelos no solo lamacento para que o Buda possa pisar.

— Mestre Zen Dogen, em referência a um conto Jataka

De tempos em tempos, você será perturbado por tempestades, neblina, neve. Quando isso acontecer, pense naqueles que passaram por isso antes de você e diga a si mesmo: "Tudo o que eles foram capazes de fazer, eu sou capaz de fazer".

— Antoine de Saint-Exupéry

SUMÁRIO

Prefácio | Assim como nós, o Buda teve dificuldades 11

1. Príncipe Siddhartha: a crise de sair de casa............................ 16

2. O cervo baniano: escolhas difíceis 26

3. O rei naga: o tesouro da nossa vida humana 35

4. O músico mestre: a angústia e a insegurança de um Bodhisattva. 43

5. A saga do jardineiro: libertando-se dos apegos 49

6. O rei dos reis: o limite do desejo 56

7. O tempo é curto: soltar, ir para casa 64

8. O macaco Bodhisattva: o horror do "eu e meu".................... 72

9. Príncipe Temiya: força para manter-se firme 81

10. Dois primos: lidando com o carma 90

11. O Grande Rei Bondade: o desafio da não violência............. 99

12. O monge que mentiu: compreendendo os grandes problemas 106

13. A papagaia corajosa: ser pequeno em um mundo imenso e problemático 112

14. Codornas em disputa: brigas e raiva no caminho............. 123

15. O ladrão Bodhisattva: o que é certo, o que é errado? 130

16. A criança ogra: encontrar o Caminho, não importa quem você seja 139

17. Kassapa Peludo: até os grandes sábios cometem erros 146

18. Tocando a terra 152

Apêndice | Um sonho dentro de um sonho – uma visão Zen 160

Bibliografia 169

Sobre o autor 174

PREFÁCIO

Assim como nós, o Buda teve dificuldades

Os contos Jataka são histórias antigas encontradas nas tradições do Cânone Páli e do Sânscrito, recontando as muitas vidas passadas e o trabalho espiritual contínuo do Buda Shakyamuni em seu caminho para o nascimento final como o príncipe Siddhartha Gautama. Por muitos anos, convivi e fui movido, bem como encorajado e inspirado, pelos contos Jataka. Eu os conheci bem antes até mesmo de começar a prática budista (no meu caso, a prática Zen), na faculdade, em meados da década de 1960, quando li pela primeira vez *O herói de mil faces*, de Joseph Campbell.

Os contos Jataka, assim como a vida de Buda, foram incluídos neste livro inovador e me tocaram profundamente. Em 1970, quando comecei a prática Zen formal, eu já tinha um filho pequeno — e uma filha, que nasceria quatro anos depois —; portanto, estava atento, ao iniciar o caminho budista, à procura de histórias que pudessem inspirar uma família. Lembro-me de algumas circunstâncias estranhas naquela época, de velhos livros sobre os Jataka caindo das prateleiras (literalmente) em minhas mãos. Parecíamos atraídos um pelo outro.

Comecei a narrar os contos Jataka como parte do meu trabalho de contador de histórias e, posteriormente, também escrevi vários livros sobre os Jataka. Acho que continuo voltando a eles. Para mim, os Jataka tornaram humanos o Zen e o budismo. Em vez da filosofia ou da austera solidão dos primeiros retiros de meditação (chamados *sesshin,* na tradição Zen), encontrei no cerne desses contos uma pessoa que se esforçou e teve uma grande aspiração de viver uma vida de sabedoria e compaixão, mas que, simultaneamente, descobriu ter um longo caminho a percorrer.

O Buda se tornou uma pessoa para mim, alguém com uma história, alguém que eu poderia tomar como guia. Achei encorajadora essa visão de compromisso e profundidade de desdobramento. Os contos me ajudaram a continuar a minha prática, apesar das dificuldades e dos desafios. Agora, como professor do Zen, conduzo vários retiros únicos a cada ano que têm os Jataka em sua essência. Nos "Jataka sesshin", descobri que esses contos antigos, vistos da perspectiva da prática-realização Zen contínua, podem oferecer inspiração e encorajamento hoje. Neles, encontramos o Buda enfrentando problemas, lidando com dificuldades, fazendo escolhas difíceis, fazendo seu trabalho, caindo e se levantando — nada de especial ou pomposo, apenas o esforço contínuo da prática espiritual.

Este livro concentra-se em uma seleção de contos Jataka específicos nos quais o Buda enfrenta tentações em vidas passadas e até luta contra a insegurança, bem como outras questões e fraquezas. Nesses contos, ele não está além das confusões da vida — seus desafios e desastres —, mas está na confusão, caminhando na lama conosco. As histórias deixam claro que qualquer questão com a qual você ou eu estejamos lidando hoje, o Buda, em alguma vida passada, também precisou lidar. Nada com o que estamos lidando está fora do Caminho.

A estrutura do livro é simples: cada história, apresentada em poucas palavras, é seguida por um comentário apontando a sua relevância para as nossas vidas e a prática-realização hoje. (De uma perspectiva Zen, vejo a prática do Dharma como uma questão de praticar a realização, não de fazer coisas para *chegar* a algo chamado iluminação ou realização. Vou falar mais sobre isso ao longo do livro.) A série de narrativas começa com a lenda da histórica partida do Buda como príncipe Siddhartha Gautama e termina com sua iluminação sob a árvore Bodhi. Esses dois não são contos Jataka propriamente ditos, mas fundamentam o contexto tradicional do caminho espiritual estabelecido pelos Jataka. Por fim, o Apêndice contém um comentário sobre um koan Zen que conecta os esforços do Buda nos Jataka às nossas vidas hoje.

Os Jataka constituem o registro lendário da longa e sinuosa estrada do Buda até aquele momento atemporal, há dois mil e seiscentos anos, de iluminação perfeita e completa (*anuttara samyak sambodhi*, em sânscrito). Eles mostram as muitas existências de trabalho espiritual envolvido no amadurecimento de uma pessoa comum para tornar-se um Buda totalmente desperto. No budismo clássico, uma vida significa o intervalo de anos desde o nascimento até a morte. O Zen permite que tenha significado a vida que vivemos em uma respiração, uma hora, um dia, um ano e assim por diante.

Fique com a interpretação que lhe parecer mais apropriada.

A tradição budista afirma que o próprio Buda contou todos os contos Jataka. Suas "histórias de nascimento" (que, aliás, é o significado essencial do termo *jataka*), rapidamente se popularizaram e foram esculpidas, pintadas, entalhadas, inscritas, escritas, recontadas e dramatizadas em toda a Ásia budista. Elas são estimadas por todas as escolas do budismo, incluindo a tradição Zen. Ao longo dos séculos, mestres Zen como Lin-chi, Wu-men, Yüan-wu, Hakuin e Dogen se referem aos contos Jataka com tanta facilidade que presumimos que suas comunidades conheciam bem as histórias. Esses professores nunca dizem que estão se referindo aos Jataka, mas talvez não precisassem mesmo, não mais do que precisaríamos, hoje, de uma nota de rodapé ao citar "Ser ou não ser", de Hamlet, ou "Que a Força esteja com você", de Star Wars. Os Jataka podem ter tido o mesmo tipo de ressonância cultural penetrante.

Os contos deixam claro que, para ser como o Buda, não devemos imitar o produto acabado e apenas nos sentar calmamente, com um meio sorriso no rosto, enquanto nossa vida passa. Em vez disso, como ele, devemos nos levantar e fazer o trabalho de enfrentar e lidar com os desafios da nossa vida. Em vez de imitar o cara sereno do altar — o "produto" acabado de todas aquelas vidas de esforço —, aprendemos com os Jataka a ser os budas ainda desconhecidos que cada um de nós já é.

Uma nota sobre as convenções linguísticas na tradição budista: quando se faz referência ao Buda Shakyamuni em sua vida anterior àquela em que ele despertou totalmente para se tornar o Buda, ele é referido como o Bodhisattva (com B maiúsculo). Um bodhisattva (em letras minúsculas) seria qualquer pessoa no caminho do despertar, agindo com sabedoria e compaixão pelo bem de todos. A palavra buda é dita por alguns como tendo a mesma raiz de "brotar". Um buda (em letras minúsculas) é, então, um ser desabrochado, aquele em que todo o potencial foi totalmente aberto. O Buda (com maiúscula) refere-se à pessoa histórica, nascida Siddhartha Gautama, que se tornou o Desperto.

Para aqueles interessados em um pouco mais dos antecedentes e da história dos contos Jataka, recomendo dois de meus livros anteriores — *The hungry tigress: buddhist myths, legends, and Jataka tales* e *Endless path: awakening within the buddhist imagination; Jataka tales, Zen practice, and daily life*[1]. Recomendo também *The Jatakas: birth stories of the Buddha*, traduzido do páli por Sarah Shaw[2].

Por fim, sempre que apropriado, o título em páli e o número de cada Jataka estão incluídos no início de cada capítulo.

Agora, alguns agradecimentos: sem a orientação na prática Zen que recebi de Danan Henry Roshi, este livro nunca teria visto a luz do dia. Sua exploração meticulosa e perspicaz de nosso currículo koan foi, para mim, transformadora. Sem o incentivo para usar contos Jataka para ensinar o Dharma que recebi de Sunyana Graef Roshi e suas comunidades em Vermont e na Costa Rica, bem como de Taigen Henderson Roshi e sua comunidade Zen em Toronto, minha investigação sobre os Jataka

---

[1] Ambos ainda sem tradução no Brasil. Literalmente, "A tigresa faminta: mitos e lendas budistas e contos Jataka" e Endless Path: o despertar na imaginação budista; Contos Jataka, prática Zen e vida cotidiana".

[2] Ainda sem tradução no Brasil. Literalmente, "Os Jataka: histórias do nascimento do Buda".

provavelmente não teria chegado tão longe. Sunyana Roshi, em especial, e também Taigen Roshi fizeram dos Jataka uma parte importante da prática de suas comunidades e — para ser franco — me forçaram, a cada ano, a estudar com mais detalhe os Jataka a fim de ter material pronto para compartilhar no *sesshin,* na forma de *teisho* cotidiano (palestras do Zen). As discussões sobre contos Jataka específicos que ocorreram ao longo dos anos com essas comunidades aprofundaram consideravelmente o meu entendimento.

No entanto, sem minha própria comunidade de prática, Endless Path Zendo, em Rochester, Nova York, a minha experiência com os contos Jataka nunca teria se tornado tão íntima. Ter pessoas com quem compartilhar essas histórias me transformou de um mesquinho ranzinza potencialmente maluco falando para as paredes nuas em alguém com uma função social aparentemente útil. Membros do Endless Path: sou grato — acreditem em mim!

Agradeço também ao Josh Bartok, diretor editorial da Wisdom Publications, por acreditar neste livro e oferecer apoio entusiástico. Foi muito significativo.

Por fim, sem a paciência, o interesse, o incentivo, a sabedoria e o amor de minha esposa Rose, nada disso teria sido possível.

Obrigado a todos vocês!

1. Príncipe Siddhartha: a crise de sair de casa

Nidana-Katha, a introdução ao Jataka Páli

Ao aproximar-se dos trinta anos, o príncipe Siddhartha Gautama decide deixar a proteção de seu palácio e sair — segundo as lendas, pela primeira vez — para as ruas de sua cidade. Lá, durante um período de quatro dias, ele dramaticamente encontra os chamados quatro sinais devastadores do ego. Ele vê um homem doente e, pela primeira vez, fica chocado ao descobrir que todo mundo fica doente. Ele vê um velho e fica horrorizado ao descobrir que todos envelhecem. Ele vê um homem morto e fica chocado ao saber que, mesmo os mais privilegiados, morrem. Então, ele vê um buscador da verdade, um iogue, ou talvez um monge eremita errante, e percebe que existe um caminho que leva a algo mais. Por ter sido tão protegido, ele nunca conhecera essas coisas antes. Depois de absorver tudo, apesar dos luxos aos quais estava acostumado, com grande resolução ele abandona a sua casa determinado a encontrar aquela verdade maior e trazer algo de valor para todos — ou morrer tentando.

> *"Mas, sem dúvida, uma pessoa só pode voltar para casa*
> *Se, de fato, um dia ela saiu de casa, não é?"*
> — Ko Un

Antes do nascimento de Siddhartha (cujo nome significa "todos os desejos satisfeitos"), um sábio previu que, se a criança fosse impedida de conhecer a impermanência, ela se tornaria um rei, um líder mundial. Do contrário, renunciaria ao poder mundano e se tornaria o Buda. O rei Suddhodhana, querendo que seu filho Siddhartha se tornasse aquele grande rei, fez tudo o que pôde para mantê-lo afastado da verdade. Assim, o príncipe cresceu conhecendo apenas a felicidade e o prazer. Mas será que até a criança mais protegida poderia conhecer *apenas* contentamento? O Sol sempre só brilha? Nunca bate com o dedinho do pé? Um animal de estimação nunca morre, um vento frio nunca sopra? O pai de Siddhartha lutava a batalha perdida de um homem que pega em armas contra o mar.

Quando o príncipe Siddhartha saiu de seu palácio e descobriu que tudo era tão impermanente quanto a poeira ao vento, mergulhou em desespero. Depois se recompôs, determinado a viver com os olhos abertos, sem se refugiar no transe, na fantasia, no cinismo ou no hedonismo. Ele não podia aceitar nenhuma versão da ideia de que "quando você chegar ao céu, tudo fará sentido para você". A pergunta que o impulsionava passou a ser: "Será que existe um caminho baseado em fatos que leve à liberdade *agora*?".

Com sua experiência dos quatro sinais — envelhecimento, doença, morte e de alguém em busca da verdade —, o caminho de Siddhartha para um dia tornar-se um líder mundial foi aniquilado. Chocado, consternado e, então, determinado a encontrar uma resposta, ele deixou sua casa, sua esposa, o filho recém-nascido, seu pai, sua mãe adotiva e todos os seus luxos e atendentes. Ele pode ter sido movido por esperança, bem como pela impressão de que estava sendo empurrado pelas circunstâncias para a mesma estrada que, o tempo todo, buscara inconscientemente. Ele não estava fugindo, mas tentando encontrar aquele caminho que iria beneficiar a todos, incluindo sua esposa e seu filho, como um soldado partindo para lutar por necessidade. Sua fé naquilo que lhe era familiar e confortável fora destruída. Em certo sentido, ele não estava *saindo* de casa: despojado de tudo, ele não *tinha* mais uma casa.

O caminho destinado se revela — e a segurança e a proteção da velha casa se foram, se foram totalmente. O príncipe Siddhartha já estava no limite do terreno vasto e vazio da realidade. Mesmo assim, ele ainda levaria mais seis anos de prática intensamente focada antes que a verdade ficasse clara. Naquele momento, com a perda esmagadora de tudo o que o jovem príncipe havia conhecido e acreditado anteriormente, ele entra no primeiro portão da nobre verdade — o Portão da Angústia.

Com os quatro sinais, as sólidas paredes que o abrigaram, protegeram e isolaram foram reduzidas a escombros. Ele vê que não há refúgio contra a catástrofe universal. A doença pode ser prevenida e o envelhecimento, retardado, mas tudo deve eventualmente girar e ir água abaixo pelo grande ralo da morte. Seu senso de poder e segurança é eliminado. Não sendo mais um espectador, agora exposto e vulnerável, ele descobre que sempre viveu um sonho; que sua vida linda era um cadáver pintado.

Esse doloroso despojamento das certezas infantis não é único. Todos nós sabemos exatamente como é. Em algum momento, cada um de nós teve o seu próprio insight sobre a devastação. Pensando que a desilusão é a verdade final, alguns ficam presos lá. Outros, tentando se esconder da sua própria descoberta, procuram distrações. Talvez, grande parte do produto interno bruto seja o resultado de uma fuga em massa da realidade, impulsionada pela ansiedade reprimida sobre as verdades inescapáveis da doença, do envelhecimento e da morte. Alguns buscam acumular não apenas posses, mas poder como baluarte contra a derrota que, no fundo, todos sabemos que está se aproximando de nós com o ritmo implacável do relógio.

A resposta do príncipe Siddhartha é diferente. Ele não se vira e corre; ele não tenta reprimir o que sabe ser verdade. Ele não se esconde, tentando construir um palácio maior, melhor e ainda mais resguardado. Ele não fica furioso, descarregando seu desespero nos outros. Em vez disso, se permite ficar emocionalmente despido, deixando que tudo aquilo que uma vez imaginou ser, aos poucos, se desfizesse. Experimentando a angústia da primeira nobre verdade, ele, corajosamente, deixa tudo o que conhece se transformar em *nada* — em si mesmo, uma espécie de despertar.

A questão sobre o que permanece quando nos é tirado tudo aquilo que conhecemos, aquilo a que nos agarramos ou no que acreditamos, está no cerne da prática religiosa e, embora seja difícil, este pode ser um ponto decisivo para uma realidade maior. O caso número 27 do *Blue Cliff Record*, uma coleção clássica e muito bela de koans, comentários e versos Zen, apresenta uma pista: "Um monge perguntou a Yün-men: 'Como é quando as árvores murcham e as folhas caem?' Yün-men respondeu: Corpo exposto na brisa dourada."

O nirvana é tradicionalmente descrito como sendo fresco e confortável porque o calor das ilusões, das falsas paixões e do apego autocentrado — os três venenos da ganância, do ódio e da ignorância — foi "extinto" (um significado literal de *nirvana*) como a chama de uma vela no vento. Quando tudo "foi, foi, foi além, foi além do além", como diz o *Sutra do Coração*, não encontramos desespero nem nada, mas sabedoria e paz.

Manjushri, o bodhisattva da Sabedoria Transcendente, brande uma espada que atravessa a dualidade. Em sua outra mão está o lótus do despertar e, nele, está o livro ou pergaminho do *Coração da Perfeita Sabedoria,* do Prajna Paramita. Essa sabedoria não é adicionada a nós, não é ganha por nós — ao contrário, com o tempo, ela é revelada à medida que a espada da prática-realização a atravessa. Quando tudo aquilo a que nós dualística e egocentricamente nos agarramos se vai, a *sabedoria não dual* é revelada. Assim, perder é ganhar. A grande perda chamada *nirvana* é um imenso alívio. Entramos em contato com isso de formas suaves na meditação diária (no zazen, da tradição Zen) à medida que, a cada respiração, liberamos o antigo fardo dualístico do eu "aqui dentro" e de tudo o mais "lá fora".

Ainda assim, é preciso coragem para enfrentar o vento da impermanência, que, como o Lobo Mau, está derrubando a nossa casa. O príncipe Siddhartha é bem preparado, sustentado e guiado por seus próprios esforços passados por meio do que o mestre zen Dogen chamou de "incontáveis kalpas de prática assídua" — os incalculáveis éons de trabalho mostrados nos contos Jataka.

Embora a história da saída de casa seja central nos relatos clássicos da vida do Buda, como é possível que, mesmo um príncipe protegido, só conhecesse a doença, a velhice, a morte e um homem em busca da verdade *pela primeira vez* aos vinte e nove anos de idade? Qual a probabilidade de ele nunca ter encontrado uma pessoa doente ou velha? Talvez ele nunca tivesse visto uma pessoa morta, mas não seria difícil evitar ver animais de estimação mortos, animais de trabalho e insetos? Então, mais uma vez, talvez não haja nada de incomum em ver *como se fosse* pela primeira vez. A mente Zen, a mente de iniciante, pode agora ser um clichê, mas veja só este verso haikai do poeta Teishitsu, do século XVII:

"Ah!" Eu disse. "Ah!"
Foi tudo que eu pude dizer —
As flores de cerejeira do Monte. Yoshino!

Sem dúvida! Vejo as flores de cerejeira que se abrem a cada primavera *como se* fosse a primeira vez. A maravilhosa mente de iniciante! Quando foi que vimos a doença, a velhice e a morte com essa mente? Talvez a resposta do príncipe não seja simplesmente ingênua. Talvez, com seus filtros habituais removidos, ele tenha visto a doença, a velhice e a morte *como se fosse a primeira vez*. Um haikai de outro poeta clássico, Shohaku, fala da mesma coisa:

Uma noite estrelada;
O céu — o tamanho dele,
A extensão dele!

Ficar totalmente impressionado com aquilo que lhe é completamente familiar pode ser um momento decisivo na vida. A mente do príncipe Siddhartha foi explodida ao ver outra vez o que estivera escondido ao olhar comum. Talvez ele tenha exclamado com sua mente de iniciante: "O homem doente! Que pena uma vida assim! A mulher idosa! Ah, a feiura dolorosa de uma vida como essa."

Quando foi que ficamos sabendo pela primeira vez, quando foi que fomos atingidos em cheio pela verdade comum de que todo mundo fica doente? Quando fomos atingidos no estômago pela compreensão de que até mesmo os nossos corpos queridos endureceriam com a idade? Quando foi que ficamos surpresos ao compreender, no fundo do coração, que todos, o piloto, o motorista do ônibus, o garçom, nosso parceiro ou filho, morrerão e que não há riqueza ou sucesso que possa impedir isso? Quantas vezes saímos de nosso palácio comum pensando que estávamos bem protegidos antes que nossas paredes desabassem? Para Siddhartha, o menino privilegiado do lado rico dos trilhos, isso o atingiu aos 29 anos, durante um período intenso de três ou quatro dias. *Boom!* E aconteceu. Foi bem assim.

O quarto sinal que Siddhartha viu, provavelmente, não foi um monge. Não havia budismo ainda. O que ele viu foi alguém no Caminho que, tendo sobrevivido à queda das paredes de seu próprio palácio, caminhava com paz, dignidade e até serenidade em meio aos escombros. Quando o Bodhisattva viu aquilo, percebeu que o que pensava ser o fim de seu caminho podia ser apenas o começo.

Normalmente, é na adolescência que começamos a sentir que há alguma coisa errada no mundo imenso em que estamos nos preparando para entrar. Nas culturas tradicionais, a puberdade é uma época de iniciação, uma época de morrer para as ilusões infantis e nascer como adultos funcionais. Para viver plenamente, devemos morrer — para tudo o que é antigo, habitual e não investigado.

O zazen é a nossa prática diária nisso. Abandonar os pensamentos com os quais nos identificamos, permitir que as sequências de pensamentos se tornem porosas, ou mesmo transparentes, é uma espécie de morte — para ideias, esperanças, medos e condicionamentos antigos. Ao permitir esse abandono momentâneo, nós acordamos para o que somos e para onde estamos. Vemos a parede. "Ah, a parede." Vemos o chão. "Ah, a textura do piso de madeira." Ouvimos o barulho do tráfego, cães latindo, a fornalha gemendo, o vento soprando, o *Crás!* de um corvo. As coisas comuns passam a ser originais e novas como se fossem vistas ou ouvidas pela primeira vez. Assim começa o nosso caminho na névoa mental.

Entramos em uma *Sangha*, uma comunidade de prática espiritual. Encontramos professores, guias e outras pessoas na mesma busca. Se tivermos sorte, vamos ver o que o Bodhisattva viu: não é que tudo esteja bem e possamos simplesmente voltar para casa, graças aos céus, e esquecer a angústia, mas sim, que existe um caminho, que apenas aparece — na verdade, só *pode* aparecer — quando a nossa velha casa estiver em ruínas.

Sem um modelo ou mapa, esse caminho pode ser difícil de encontrar. Com ele — que é, em certo sentido, aquilo que o budismo é (um Mapa do Caminho), começamos a trilhar a nossa própria versão da estrada. Pode ser uma estrada longa, sinuosa, tortuosa com quedas bruscas e começos e paradas intermitentes. Mas se continuarmos seguindo, se continuarmos encontrando o nosso caminho cada vez que nos perdermos, no devido tempo, o que foi perdido e despedaçado será encontrado. E é tudo.

Então, nosso lar de origem está em toda parte; todo lugar é o nosso lar. A antiga casa vazia que existia desde o início, sem paredes, janelas, porta, telhado ou piso, é inquebrável. Sair ou ser forçado a deixar a casa frágil e quebrável construída com nosso autoenvolvimento egoísta é o primeiro passo para voltar para casa, para aquilo que não entrará em colapso. O que é quebrável deve quebrar para que o que é inquebrável possa ser encontrado. Como Crazy Jane diz ao bispo, no poema de Yeats (Crazy Jane diz ao bispo): "Não há nada único ou inteiro que não tenha sido despedaçado". Nada pode ser inteiro a menos que, primeiro, seja rasgado, quebrado, estilhaçado.

A tradição Jataka insiste que essa não foi a primeira vez que o Bodhisattva saiu de sua casa como um buscador da verdade: no Jataka número 9, da Coleção Páli de 547 contos Jataka, por exemplo, o Bodhisattva, um rei longevo, encontra um único cabelo grisalho entre seus cachos pretos. Tomando isso como um sinal de impermanência enviado a ele pelos deuses, e tendo ainda para si 84 mil anos de vida restantes, ele deixa o trono para o filho e vai se dedicar à prática espiritual.

Mas, dessa vez, como Siddhartha Gautama, sua devastação é completa. É a maturação, o desabrochar das sementes que ele plantou há muito tempo. Os quatro sinais devastadores do ego eram o toque de seu despertador Jataka pessoal: *Acorde! Acorde! Está na hora de terminar o trabalho e realizar a iluminação para o benefício de todos.*

Em algum ponto, as paredes de nosso palácio também desmoronam, nossas portas trancadas se abrem e, como Siddhartha, partimos para a escuridão onde nada pode ser conhecido em sua forma antiga, limitada e egocêntrica. Passando os limites do reino de nossos pais, nos dirigimos para florestas e montanhas, e todos os propósitos menores são queimados. Em muitos aspectos, sua história é a nossa história.

Muitos caminhos verdadeiros começam com o desastre: nosso navio afunda. Nosso trem é destruído. Nossos planos falham. Nossos corações se partem. Um furacão leva a nossa casa nos deixando nus e expostos. Ou causamos dor suficiente a outras pessoas para acordarmos por um instante. Se tivermos sorte, como o príncipe Siddhartha, podemos ter um vislumbre do Caminho. Talvez encontremos uma pessoa real. Talvez vejamos um vídeo do Dalai Lama. Talvez tenhamos lido um livro. Seja o que for, há uma mudança, uma virada de página na nossa vida.

O jovem príncipe na Índia, há muito tempo, representa o padrão. Mas, segundo os contos Jataka, sua última saída de casa teve muita preparação. Ele já tinha sido chefe de família, pai, mãe, monge, leigo, comerciante, soldado, artista, líder de caravana, eremita, construtor de pontes, rei, príncipe, acrobata, sábio, filho de um ogro, ladrão, empresário, professor e médico — e isso apenas no reino humano. Havia também suas muitas vidas animais, bem como vidas como seres não humanos — como nagas semelhantes a serpentes, espíritos de árvores, devas ou deuses. O caminho do despertar não é simplesmente ser sábio. Os contos Jataka não hesitam em mostrar o Buda lutando, até mesmo cometendo erros. Mesmo para o Buda, o Caminho demorou a amadurecer. Sua sinceridade, seu compromisso e sua integridade evoluíram. A peça-chave era a perseverança alimentada por votos.

O príncipe Siddhartha não saiu de casa para se tornar "espiritualizado". Não era um "Vi a impermanência. Agora vou me iluminar". Era mais como Godot, "Como posso continuar? Devo continuar". Mas o jovem príncipe Siddhartha diz mais: "Vou encontrar um Caminho que ajude não apenas a mim, mas a todos". Mesmo para o Buda, morrer para o velho mundo, sendo despojado de tudo o que ele amava, era algo difícil. Afinal, ele era humano. Ainda assim, naquela dificuldade, algo estava acordando. Ao perder tudo, ele encontrou novamente um caminho para o que ele nem sabia que tinha perdido.

Avalokiteshvara, o bodhisattva da Compaixão, às vezes é mostrado com onze cabeças, que veem todos os seres em sofrimento, e com mil braços. Cada braço tem um olho aberto na palma da mão para guiar habilmente as mãos para onde quer que os olhos vejam alguém em necessidade. Cabeças, olhos e mãos são sua resposta ao sofrimento, uma maneira de fazer algo a respeito. O Bodhisattva, experimentando devastação e saindo de casa, e Avalokiteshvara, abrindo todos aqueles olhos e mãos, acontecem ao mesmo tempo.

Sair porta afora é abrir os olhos para a verdade. Existe impermanência. Existe angústia. Não ver é ter os olhos fechados. O caminho da prática do Dharma, o caminho do esforço sustentado minuto a minuto que o mestre Zen Dogen diz ser nosso único refúgio real, começa com a primeira nobre verdade — a compreensão do sofrimento, da angústia. Descobrir que sua causa está em nossos pontos de vista errados é a segunda nobre verdade. Percebendo isso, ganhamos o poder de transformar nossas vidas e acabar com o sofrimento desnecessário. Essa é a terceira nobre verdade. Trilhar o caminho da real realização da prática, o caminho óctuplo em nossa vida cotidiana, é a quarta nobre verdade.

Esse caminho nos liberta da causa da tristeza: a nossa própria crença teimosamente fixada em um ego sólido "por dentro" e tudo o mais — árvores, insetos, nuvens, estrelas, montanhas, rios, animais e pessoas — "lá fora".

Tem gente que diz não acreditar em nada. No entanto, se você os cutucar, logo verá que eles acreditam muito. Acreditam na realidade fixa de um ego/eu para sempre separado, para sempre isolado, como sendo tudo aquilo o que eles são. O Buda também começou como uma pessoa comum, acreditando-se separado e sozinho. No entanto, os quatro sinais o ajudaram a cortar seu apego a essa crença e a transformaram em motivação para a sabedoria e a compaixão.

Mas ele não *pensou* sobre o seu caminho para a liberação; ele não era um filósofo. Ele era um *realizador* — alguém que se cansou e decidiu fazer o esforço necessário para acordar. A primeira verdade é nobre não porque sua dor enobrece, mas porque é o primeiro passo na jornada de despertar para todo o bem que está agora mesmo sob os nossos pés.

É onde começa a prática do Dharma.

2. O CERVO BANIANO: ESCOLHAS DIFÍCEIS

Nigrodhamiga Jataka, nº 12

O Bodhisattva é um rei cervo. Ele, seu rebanho, mais outro rebanho e seu rei estão presos em uma paliçada. Todos os dias, cervos são mortos a tiros. A cada dia, muitos cervos são feridos por flechas voadoras, e outros ainda são feridos no pânico em massa que irrompe na paliçada quando o tiroteio começa. O cervo Bodhisattva surge com uma maneira de reduzir esse sofrimento. Cada dia é realizado um sorteio, um dia de um rebanho, um dia do outro. E, a cada dia, o cervo que perder vai ficar diante dos caçadores, deixando os outros a salvo. Então, quando a sorte cai sobre uma corça grávida do outro rebanho, ela pede a seu rei que a deixe viver até que seu filhote tenha idade suficiente para sobreviver por conta própria. Depois disso, ela irá e ficará diante dos caçadores. Ela diz que a loteria reivindica apenas uma vida, não duas. Interpretando as regras de maneira restrita e rígida, seu rei cervo se recusa a libertá-la, dizendo: "A lei é a lei. A sorte caiu sobre você. Não há exceções". Ela, então, vai até o cervo baniano. Quando ele ouve sua história, a libera, concordando que a loteria só tira uma vida de cada vez, não duas. Então, ele mesmo vai ficar diante dos caçadores no lugar dela.

O rei humano, chocado com tal sacrifício voluntário (os dois reis dos cervos já haviam sido isentos da caça), pergunta ao cervo baniano porque ele está oferecendo a sua vida. O Bodhisattva responde que, como rei, ele cuida de todo o seu povo. Então, ele está se oferecendo no lugar de uma corça grávida cuja morte também teria matado seu cervo não nascido. Essas palavras abrem um novo caminho de trabalho para o rei humano. Para recompensar o cervo Bodhisattva por este ensinamento, ele lhe diz que ele e seu rebanho estão livres e agora podem viver em paz. O cervo baniano diz que, se ele e seu rebanho forem libertados, o outro rebanho sofrerá ainda mais. Só eles serão baleados e mortos na paliçada. Então, conhecendo essa verdade, ele não pode simplesmente ir embora e viver em paz.

    O rei humano, então, liberta o outro rebanho, dizendo outra vez ao cervo baniano para agora ir e ficar em paz. Mas o cervo baniano se recusa novamente, e repete que, se ele aceitar a oferta do rei e for embora agora, todos os outros animais de quatro patas da floresta serão caçados ainda mais impiedosamente. A caça inteira cairá sobre eles. Então, ele não pode ir e ficar em paz. O rei, então, liberta os outros animais, mas o rei cervo baniano ainda não aceitará a própria liberdade e a de seu rebanho até que os pássaros e até que os peixes também sejam libertados da caça do rei. Só então ele finalmente sai com seu rebanho, agora verdadeiramente em paz.

> *O cervo selvagem que vagueia pelas plantações liberta*
> *a alma humana de preocupações.*
> *— William Blake*

    Gostamos de imaginar que a compaixão é natural para um bodhisattva — e, até certo ponto, é provável que seja. Mas as consequências de se ter um coração compassivo podem ser terríveis. Pense nos bodhisattvas que arriscaram suas vidas para abrigar judeus na Europa ocupada pelos nazistas. Podemos, de fato, compreender sua integridade e sua coragem?

    Tanto na história da saída do príncipe Siddhartha de casa quanto na do cervo baniano, o Bodhisattva enfrenta a primeira nobre verdade da angústia/impermanência. Em cada caso, em vez de omiti-la ou se voltar e fugir da verdade, ele se mantém firme e, então, dá mais um passo à frente. Como o cervo baniano, ele faz isso na esfera do limite, onde nossas naturezas humana e animal se encontram.

    O cervo Bodhisattva supera o obstáculo do apego ao próprio corpo e à própria mente tão rapidamente que podemos não perceber. Mas, sem dúvida, é preciso tomar uma decisão. Mesmo para um bodhisattva tão avançado, isso foi um marco, talvez algo que nem mesmo ele soubesse que faria ou poderia fazer até que surgisse a necessidade de fazê-lo. E, então, ele é testado repetidas vezes. Cada vez que ele tem uma escolha — e a cada vez ele toma a decisão difícil, novamente. O trabalho libertador do zazen — de deixar o egocentrismo ir embora — pode parecer um tormento para nosso egoísmo arraigado. Na prática da meditação, a nossa crença condicionada em um eu sólido, duradouro e independente, para sempre separado de pássaros, estrelas, árvores, montanhas, nuvens, insetos e pessoas, mesmo aqueles que amamos, é posta à prova. A superação dos conceitos de individualidade isolada é o trabalho da realização da prática, uma maneira de cumprir o voto do bodhisattva de salvar muitos seres. Como Dogen diz na seção *Genjokoan*, do *Shobogenzo*:

> *Estudar o Caminho é estudar a si mesmo. Estudar a si mesmo é esquecer-se de si mesmo. Esquecer-se de si mesmo é ser iluminado por todas as coisas do Universo. Ser iluminado por todas as coisas do Universo é abandonar o corpo e a mente de si mesmo, bem como os dos outros. Até mesmo os rastros da iluminação são extintos, e uma vida de iluminação sem rastros continua para sempre.*

Libertar os outros é nos libertar; libertar-nos é o começo de libertar os outros. O Bodhisattva, como um cervo, liberta a si mesmo e aos outros. Sua percepção da conexão vazia segue perfeitamente para a ação. Nós também podemos descobrir que a percepção da "vacuidade", em vez de nos isolar, abre a porta para uma participação mais completa no mundo.

No entanto, muitas pessoas ainda pensam no budismo como uma tradição passiva, enlouquecedora e pacífica, sempre sorridente e de olhar para o próprio umbigo. Ou, se pensam no Zen budismo em particular, pensam em estar "na zona" além da irritação e da dor, em paz, desimpedidos, enterrando cestas de três pontos, correndo uma maratona, pintando uma obra-prima sem esforço, nem suor ou pensamento. E é verdade que existem tais momentos — mas e a *prática* real? O que dizer dos anos de esforço, dos joelhos doloridos, da ansiedade antes de encontrar um professor, dos caminhos errados tomados aparentemente pelas melhores razões? O que dizer das falhas e das decepções?

Tudo isso também faz parte da nossa prática e das nossas vidas.

E como mostram os contos Jataka, essas coisas estavam presentes na vida e na prática do Buda também. Olhando para os Jataka, não vemos escapismo ou quietismo. O que vemos é uma prática de atenção, o trabalho de alguém abandonando a autoabsorção e agindo com coragem e compaixão. No entanto, mesmo para o Buda, houve momentos em que ele estava em encruzilhadas.

A história do cervo baniano é uma recontagem clássica desse momento. Quando lhe ofereceram a chance de liberdade pessoal depois de arriscar sua vida para salvar uma corça e um cervo ainda por nascer, o rei dos cervos avança, num passo a passo corajoso, enfrentando cada tentação de se separar e correr, até que salvou todos os cervos presos, *todos* os animais da floresta, até mesmo pássaros e peixes. É um conto alucinante, que incorpora o voto/mente mais profundo do bodhisattva. O cerne do Zen e de toda a prática budista Mahayana é esse voto de salvar ou libertar todos os seres do sofrimento. É o primeiro dos "Quatro Votos", ou "Grandes Votos para Todos", recitado pelos praticantes Zen na conclusão dos períodos formais do zazen:

Os muitos seres são incontáveis;
Prometo libertar todos eles.
A ganância, o ódio e a ignorância aumentam infinitamente;
Prometo abandonar todos eles.
Os Portais do Dharma são incontáveis;
Prometo acordar para todos eles.
O Caminho do Buda é inatingível;
Prometo incorporar tudo.

Embora geralmente comecemos a trabalhar em nós mesmos para nos libertar de nosso próprio sofrimento, com o tempo, tal como o cervo baniano, também podemos chegar a ver que não podemos ser livres a menos que os outros também sejam. Assim que vislumbramos a realidade de que não somos separados, mas entrelaçados — um único "interser" —, algo muda. Nós também começamos a assumir responsabilidades, fazendo pequenas coisas para ajudar não apenas a nós mesmos, mas aos outros. Assim começa o caminho do bodhisattva, o "ser sábio".

O Zen ensina que *salvar* significa, fundamentalmente, ajudar a libertar os seres da ilusão da falta de iluminação que surge do apego ao conceito de um "eu permanente" *aqui dentro* e de "muitos seres" *lá fora*. Essa liberação também deve incluir fazer o que pudermos para libertar outros — humanos e não humanos — presos nos sofrimentos que surgem desse pensamento dualista: sistemas sociais e políticos construídos sobre superioridade e inferioridade, riqueza e pobreza, meus e seus, em suma, toda a catástrofe a que o vício do egoísmo — a crença inconsciente em um eu ou alma fixa, separada, permanente e passível de salvação — dá origem.

Mas como podemos libertar os outros quando, na maior parte das vezes, mal somos capazes de libertar a nós mesmos? Causar menos danos aos outros por ser menos autocentrado é a essência do segundo voto do bodhisattva: "A ganância, a raiva e a ignorância aumentam infinitamente; prometo abandoná-los". Este voto diz respeito a fazer o trabalho de liberação. Deixando de lado o apego ao egocentrismo, fazemos menos julgamentos desnecessários e colocamos menos fardo sobre os outros. Nós os libertamos do fardo de carregar o peso de nossas projeções. Liberamos amigos, família e outras pessoas de nossa insistência de que aquele ser seja sempre *aquilo*, aquela árvore sempre seja *aquela* coisa ali, e eu, eu mesmo e o glorioso "eu" continuamos sendo o centro de tudo. Estando menos presos a nós mesmos, menos limitados *por* nós mesmos, temos mais energia, espaço e tempo para estarmos presentes e sermos úteis para os outros. Estando menos "aqui", menos egoístas, estamos mais verdadeiramente *aqui* do que nunca. O chilrear dos pássaros, o vento nas árvores, o barulho de canos do sistema de aquecimento ou do trânsito matinal podem ser uma sinfonia. A luz na neve ou nas folhas verdes pode ser uma obra-prima, e uma conversa com um amigo pode ser tão transformadora quanto um bom romance.

Embora seja a isso que a prática nos ajude a chegar, ela começa revelando o quanto estamos autoenvolvidos agora, o que, por sua vez, passa a ser a própria motivação para ir mais fundo e ver mais verdadeiramente. Não evitamos a realidade, mas a transformamos por meio da atenção. Os professores do Zen não são gurus, mas guias nos corrigindo quando saímos da trilha, delicadamente nos empurrando para trás quando estamos diante de precipícios invisíveis, ajudando a impedir que fiquemos presos em suposições espinhosas.

O conto *O cervo baniano* aparece em duas versões na coleção Jataka Páli. O resumo apresentado acima narra o Nigrodhamiga Jataka, o número doze da coleção em páli. As diferenças são mínimas nos dois casos. O cerne de cada um é que um cervo oferece sua própria vida para salvar uma corça e um cervo por nascer e, então, salva todos os outros animais. A compaixão vence qualquer impulso de salvar a si mesmo à custa dos outros. A história dá vida ao grande voto de libertar todos os seres. O budismo Mahayana afirma que a compaixão abnegada é a nossa verdadeira natureza, que é a natureza da mente ter ou *ser* esse voto. No conto, por causa dos esforços altruístas do Bodhisattva, todos são libertados. Até o rei e seus caçadores param de criar seu próprio carma prejudicial. É como se um CEO do petróleo hoje acordasse de repente e dissesse: "Parem de perfurar o oceano! Estamos matando seres vivos!".

Conforme ilustrado neste Jataka, os seres não humanos simplesmente querem viver suas próprias vidas, em seus próprios habitats, seguindo seus próprios caminhos de vida. Dois mil e seiscentos anos depois que esta história foi contada pela primeira vez, a possibilidade de cumprir esse pedido eminentemente razoável só se tornou ainda mais improvável. As pressões econômicas e as densidades populacionais estão transformando as florestas verdes em paliçadas mortíferas. O Jataka do cervo baniano pode nos tocar como jamais acontecera antes. Seu ensinamento — de que ninguém pode ser livre e estar em paz a menos que todos sejam livres e estejam em paz — faz todo o sentido.

Uma implicação da seção "Pintura de um bolo de arroz" do *Shobogenzo*, de Dogen, é que sonhos; histórias; arte; livros; filmes; figuras do Buda feitas de madeira, metal, argila e pintadas; pensamentos; e votos são comida. "Apenas bolos pintados satisfazem a fome", diz Dogen, virando o velho ditado do avesso. E acrescenta, divertidamente: "Sem a fome pintada, nunca nos tornamos pessoas verdadeiras".

Para Dogen, contos Jataka são o Buda pintando uma imagem do Buda com o pincel e a tinta de "incontáveis kalpas de prática assídua" — isto é, com a determinação de continuar o que quer que surja. Os ensinamentos sobre compaixão, coragem e interconexão dos cervos banianos são uma refeição mais nutritiva do que a carne de cervo. Depois de encontrar o cervo baniano, nós, assim como o rei, podemos nunca mais ser os mesmos.

Ainda assim, quando o cervo baniano salvou os seres naquele reino, ele salvou todos? E quanto aos seres de outros reinos, caçados por outros reis humanos? Oskar Schindler, o herói da *Lista de Schindler*, um bodhisattva inesperado — até para ele mesmo —, desabou quando a guerra acabou, atormentado pela compreensão de que ele não poderia salvar mais vidas; não poderia salvar *todos*. Será que o voto do nosso bodhisattva de salvar todos os seres pode ser verdadeiramente realizado?

Uma lenda budista diz que o bodhisattva Avalokiteshvara tentou libertar todos os seres do sofrimento. Uma cabeça e duas mãos não chegaram nem perto de realizar essa tarefa monumental. Foi um fracasso desde o início. Então, com a maior compaixão, a cabeça do bodhisattva se partiu em onze cabeças que conseguiam ver o sofrimento em qualquer lugar. Seus braços se fragmentaram em mil braços capazes de levar ajuda a qualquer reino. Arregaçando suas mil mangas, o bodhisattva voltou ao trabalho. O fracasso em cumprir esse voto levou a uma compaixão e a uma habilidade ainda maiores. Como o mestre Zen Wu-men escreve em outro contexto, "O fracasso é realmente maravilhoso".

Não importa o quanto pratiquemos ou por quanto tempo permaneçamos sentados em meditação, sempre haverá falhas, dificuldades, erros e decepções. Se pensarmos que praticar o Zen, mesmo alcançando um grau de iluminação, deixará todos os caminhos mais suaves, que afastará todas as nuvens escuras e transformará nossas vidas em um mar de rosas, é melhor repensarmos. Vamos nos ver desiludidos e decepcionados com nossa própria ingenuidade! Evoluímos por meio de esforços, todos parciais, nenhum completo e, portanto, em certo sentido, *todos* fracassos. E *esse* é o Caminho!

A força para o Caminho, como nos dizem os velhos professores, não vem de ficarmos em um lugar calmo e pacífico que podemos conseguir (ou desejamos conseguir) em nosso zazen. Vem de ficar sentado quieto, sim, mas depois disso devemos nos levantar e ir para a confusão normal da vida e, de fato, lidar com o que estiver diante de nós.

O budismo afirma que, em todo o Universo, incontáveis budas vieram e se foram, com pelo menos sete budas anteriores nesta Terra e outros mais por vir. "E ainda... e ainda..." —, como nos lembra o pungente haicai de Issa, escrito após a morte de sua filha ("Este mundo de orvalho é apenas um mundo de orvalho — e ainda... e ainda...") —, infelizmente, terrivelmente, embora budas tenham vindo e ido, cumprindo seus votos de salvar todos os seres, a mesma angústia de sempre acomete incontáveis seres. Os infernos ainda estão cheios. Ligue as notícias, dê uma olhada na internet.

Será que o voto de salvar todos os seres pode ser literal? Será que ele é a expressão de uma esperança impossível? Metas elevadas podem nos ajudar a ver o quão longe estamos de onde queremos estar. Caminhando na floresta à noite, uma luz distante brilhando por entre as árvores pode nos mostrar onde precisamos ir.

Uma história na obra *Life work,* do poeta Donald Hall, conta sobre o encontro do autor com Henry Moore no final da vida desse escultor. Hall perguntou: "Agora que você tem oitenta anos, pode me dizer qual é o segredo da vida?" Moore respondeu: "O segredo da vida é ter uma tarefa, algo a que você devota toda a sua vida, algo para o qual você leva tudo, a cada minuto do dia, durante toda a sua vida. E o mais importante é: deve ser algo que você não tenha a possibilidade de conseguir fazer!" Metas elevadas são essenciais.

Uma vez, duas manadas de cervos foram presas e marcadas para morrer. Um cervo disse "não" a isso, arriscando sua segurança e a de seu rebanho. Ele não fez isso para defender uma ideia ou marcar uma posição. Ele fez isso porque viu que, na realidade, não havia como ele ser livre e estar em paz a menos que todos os seres também fossem livres. Por mais animal que fosse, ele percebeu o que Thich Nhat Hanh chama de "interexistência". Ele tinha a percepção, não pertencente a nenhuma tradição, talvez nem mesmo a nenhuma espécie, de como as coisas são: *todos os seres, um corpo*. E ele não se afastou disso.

Isso é o que é tão comovente nessa história. *O cervo baniano* não é apenas uma história de compaixão heroica. É um conto de sabedoria *prajna* não dual. O caminho da sabedoria do bodhisattva e o caminho da justiça social são, ao que parece, um só e o mesmo.

3. O REI NAGA: O TESOURO DA NOSSA VIDA HUMANA

Campeyya Jataka, nº 506

O Bodhisattva, um homem muito pobre, vê Campeyya, um rei dos nagas (seres serpentes sábios), sendo generosamente homenageado pelo rei humano por ajudá-lo a vencer uma guerra e assegurar o seu reino. Vendo toda essa riqueza, o Bodhisattva também deseja ser rico e ter uma vida tranquila. Não muito depois disso, ele fica doente e morre. O rei naga também morre.

Como o Bodhisattva foi virtuoso, ele renasce como o novo rei dos nagas do Rio Campa e tem riquezas, poder e acesso imediato ao prazer sensual. Mas ele percebe que cometeu um erro e está profundamente angustiado — embora tenha ganhado uma imensa riqueza literal, ele percebe que seu objetivo é a iluminação, e esse verdadeiro tesouro só pode ser obtido como humano, não como um naga. Mesmo assim, os nagas são tão receptivos que ele aceita sua nova posição e se casa com a bela donzela naga Sumana. Mas ele também decide que, a cada mês, deixará seu palácio no fundo do rio, voltará para a terra na forma de uma cobra prateada e rápida, além de manter os votos de não causar danos. Com o mérito dessas práticas, ele trabalhará para recuperar uma vida humana. Sua esposa, Sumana, se preocupa e pede uma maneira de saber se ele está bem quando está em terra, já que o mundo humano é cheio de deslealdades. Ele mostra a ela uma piscina no jardim deles sob o rio e fala sobre os sinais que ela verá se ele estiver em perigo. "Se a água ficar com a cor do sangue", diz ele, "isso significa que um encantador de serpentes me pegou".

Quando ele está na forma de uma cobra deitada enrolada em um formigueiro, um encantador de serpentes o captura, causando-lhe muita dor física no processo. Mas, lembrando seus votos, o Bodhisattva/naga/cobra não usa seu veneno para matar o homem. Nem comerá os sapos que lhe deram como alimento, pois isso significaria tirar-lhes a vida e quebrar seus votos.

O encantador de serpentes ganha muito dinheiro apresentando sua cobra prateada e fazendo-a dançar. Apresentada ao rei, a dança mágica do rei serpente é um grande sucesso. Enquanto isso, a esposa naga do Bodhisattva, Sumana, vendo a água da piscina ficar vermelha como sangue, assume a forma humana e voa, procurando por ele. Descendo para o pátio do palácio, ela revela que a serpente dançante é um senhor naga e pede ao rei para libertá-lo. O rei faz isso e, em seguida, acompanha o Bodhisattva e sua esposa até o rio, onde lhe é permitido descer com eles até o fundo. Espantado com a riqueza que vê, ele pergunta: "Por que você deixou toda esta magnificência para rastejar na terra?".

"Este tesouro não é nada comparado ao tesouro do nascimento humano comum", diz o Bodhisattva. "Um ser humano pode realizar a iluminação, o maior tesouro do Universo." Quando o rei sai carregado de tesouros, o excesso de ouro que cai de suas carroças mancha a terra deixando-a dourada.

> *Pura e tranquilizada, a pele sobre você estava*
> *como ouro, incrustada com pedras preciosas...*
> *Como rei dos nagas, você realizou um feito maravilhoso.*
> *— Em "Elogio pelos nascimentos anteriores do Buda"*

Se você pensa que o Bodhisattva sempre foi perfeito, que nunca teve dificuldades ou arrependimentos, e nunca cometeu equívocos ou erros de consequência, que essa história o corrija. Uma lenda budista oferece uma imagem impressionante do que é preciso para nascer como humano: uma tartaruga cega nada em um vasto mar, emergindo apenas uma vez a cada cem anos. Uma placa com um buraco flutua aleatoriamente no oceano. Quanto tempo vai demorar até que a tartaruga enfie a cabeça no buraco? Quais são as chances? Essas são as probabilidades que a tradição budista diz que já enfrentamos ao nascer como humanos. As chances de encontrar o Dharma, uma vez que somos humanos, seriam ainda mais improváveis. Tenha em mente que ser humano pode não significar apenas parecer humano. O que significa ser um ser humano real? Quais são as nossas chances de nos tornarmos humanos? Como fazer isso?

A questão central da lenda é clara: não perca tempo, não perca esta vida humana preciosa! Se deixarmos de fazer o nosso melhor agora, pode levar muito tempo até que a nossa chance volte. O mar não tem limites, a prancha é pequena, e a tartaruga é completamente cega.

No entanto, por mais misteriosa e cheia de um potencial tremendo que seja a vida humana, também sabemos que pode ser difícil, cheia de perdas, decepções, mal-entendidos, malícia, tristeza, dor e injustiça. Coisas dolorosas acontecem, culminando em doença e morte. Estando conscientes e alertas, dotados de memória e antecipação, tememos a queda inevitável daquela cortina final. No entanto, os ensinamentos budistas dizem que nosso nascimento humano e sua oportunidade de praticar a realização são o nosso maior tesouro. O Campeyya Jataka faz de tudo para deixar o ponto claro: é melhor ser humano e capaz de praticar o Dharma, mesmo que isso signifique viver em circunstâncias menos que ideais, do que ser poderoso e rico, mas incapaz ou desmotivado para isso.

O reino do poder, da facilidade, do esplendor e da riqueza sem acesso à prática iluminada é simbolizado pelos nagas. Na Ásia, os nagas vivem em rios, lagos e oceanos. Eles têm belas cabeças e corpos masculinos ou femininos que vão até a cauda de uma cobra. Às vezes, capelos de cobra — um ou vários — podem aparecer acima de sua cabeça humana. Às vezes, eles parecem humanos — embora, quando o fazem, você possa notar uma aura semelhante a um capelo de cobra. Eles podem ser altamente sensuais, bem como profundamente espirituais. Percebendo que os seres humanos ainda não estavam maduros o suficiente para lidar com segurança com os ensinamentos completos do *prajna paramita* (ensinamentos da sabedoria transcendental, cujo núcleo é "a forma é exatamente vacuidade; vacuidade é exatamente a forma"), diz-se que o Buda deu esses ensinamentos poderosos aos nagas por segurança.

Talvez as baleias e os golfinhos tenham sido a inspiração lendária para seres sábios, que vivem na água e se assemelham a serpentes (no sentido de não terem mãos ou pés). Sua inteligência, habilidades de comunicação e gentileza — e até mesmo compaixão — estão bem documentadas. Se as baleias e os golfinhos são a fonte das lendas dos nagas, podemos entender porque, dada sua compaixão e equanimidade, os antigos mitos dizem que Buda deu a eles os ensinamentos de sabedoria perfeitos para serem mantidos até que nós, humanos, tivéssemos amadurecido. Os mitos não são fantasias, mas contêm mais do que alguns grãos de verdade observada. E se os cetáceos são nagas, então sua matança e seu confinamento são um absurdo ainda maior. Se matarmos nossos detentores da sabedoria prajna ou os enlouquecermos aprisionando-os em tanques minúsculos, que portas para o bem-estar de nosso planeta poderemos estar fechando para sempre?

Se nagas sábios, poderosos e sensuais aproveitam a vida em palácios de joias sob rios, lagos e mares, como um humano pobre poderia estar em melhor situação do que sendo não qualquer naga, mas o lorde naga de mais alto escalão? Um senhor naga teria riqueza, sabedoria, vida longa e poder, bem como a companhia de belas donzelas naga. Quem não desejou alguma versão de uma vida como essa? Quem nunca sonhou com beleza, riqueza, conforto e poder?

A história fornece sua própria resposta revolucionária: ser humano nos oferece a oportunidade de praticar a iluminação, que é um tesouro melhor, mais valioso e maior do que qualquer coisa. De acordo com a tradição budista, é *por isso* que nascemos humanos — não necessariamente para sermos budistas, mas para assumir a prática de nos tornarmos autenticamente nós mesmos, despertos para a presença não dual de insetos, árvores, animais, pessoas, Sol, Lua, estrelas, montanhas, rios, terra. A história coloca seu desafio diante de nós: "Você pode ter tudo o que sempre sonhou — tesouro, facilidade, conforto, prazer e vida longa —

mas sem prática espiritual, sem liberdade duradoura do ego. Ou, sendo assim como você é — problemas e tudo mais, dificuldades e tudo mais, defeitos, como se costuma dizer, e tudo mais —, você pode seguir um caminho de liberação. O que você escolhe?"

Há muito tempo, mergulhado na pobreza, o Bodhisattva estava nesta encruzilhada. Desejando algo melhor, ele escolheu as riquezas nagas em vez das dores de sua vida humana comum. Mas uma vez que seu desejo foi realizado, ele descobriu um cabelo na sopa. Como naga, mesmo sendo um de alto escalão, ele não podia praticar o que qualquer humano comum pode — a realização da iluminação. Para fazer isso, ele teria que ser humano. Você não sente falta da sua água até que seu poço seque. Apesar da tremenda melhora em suas condições de vida, ele percebe que perdeu em vez de ganhar, e resolve fazer o que for necessário para recuperar a condição humana comum de que agora todos desfrutamos e consideramos algo garantido. O desafio que a história apresenta é simples, mas carrega seu aguilhão oculto: o verdadeiro tesouro que buscamos está exatamente onde estamos, e podemos encontrá-lo se não deixarmos a nossa oportunidade passar. Mas será que vamos? Aí é que está a dificuldade.

Ainda assim, não é natural desejar escapar da dificuldade? "Que todos os seres sejam felizes e livres de sofrimento" é uma aspiração budista fundamental. No entanto, uma das histórias arquetípicas mais antigas e tristes é a de uma pessoa que trabalha muito, faz sacrifícios, fecha negócios, talvez até cometa crimes e, então, ao garantir seu prêmio, descobre que não era bem o que ela supunha que fosse. Certamente não adianta *não* buscar aquele emprego, aquela casa, ou tentar conquistar aquela pessoa especial como seu parceiro ou parceira. Qual seria o sentido de *não* fazer o trabalho com o qual você sonha ou de *não* passar a vida com uma pessoa que você ama? Não há nada de errado com a satisfação. No entanto, como é fácil abandonar nosso potencial mais profundo quando buscamos um céu pessoal.

Em nossa pobreza, estamos "sozinhos e com medo em um mundo que nunca construímos", como diria meu antigo professor de Zen, Roshi

Philip Kapleau, ex-repórter-chefe dos tribunais para os julgamentos de crimes de guerra de Nuremberg e Tóquio. Podemos buscar dinheiro, poder e posses e permitir que a ganância, o ódio e o egocentrismo turvem as nossas mentes — e, assim, tornar ainda mais difícil encontrar o verdadeiro tesouro. No futuro, em algum momento, assim como o Bodhisattva neste conto, podemos pensar: "O que eu fiz? Eu tenho que voltar para o que realmente sou." Então, também fazemos esforços sinceros para recuperar nosso caminho. Mesmo os erros, como mostra esse Jataka, podem se tornar a base de uma prática mais profunda. Ao nos perdermos, às vezes — se ficarmos alertas —, vemos com mais clareza o que realmente queremos.

O reino naga pode ser visto como uma forma de mostrar o que acontece quando temos tanto que esquecemos nossos objetivos mais profundos, um aviso que nos lembra de não ficarmos presos em realizações limitadas. De uma perspectiva Zen, pode-se dizer: "Não se demore na vacuidade cintilante. Volte aos desafios e às complexidades do mundo comum. É aqui que o trabalho é feito".

Reconhecendo nossas recaídas periódicas à ganância, ao ódio e à ignorância, praticando diariamente, aprendemos a liberar o egocentrismo. Ao começar a estudar um koan, ao seguir ou contar a respiração, ou "simplesmente ficando sentados", reencontramos o antigo caminho humano de duas pernas. Então, estejamos nós com um cajado ou um volante ou um martelo ou uma colher ou uma caneta ou uma mamadeira ou potes e panelas nas mãos, partimos para as voltas e reviravoltas, os altos e baixos da vida diária, gratos por esse corpo humano com uma cabeça do tamanho de um coco, tão propensa a erros egocêntricos, e por esse corpo tão comprometido com o envelhecimento e a morte. Por mais impermanente que seja, esse corpo-mente complexo continua sendo o nosso veículo de liberação além de qualquer preço. O Buda disse ao deva Rohitassa, em um sutra com esse nome: "Neste corpo complexo, descortino o mundo, a origem do mundo, a cessação do mundo e o caminho que conduz à cessação do mundo" — neste corpo humano comum, exatamente este.

O Bodhisattva empobrecido que tanto cobiçava riqueza e esplendor renuncia a eles no fim, desistindo do apego ao tesouro externo para que possamos nos tornar o que somos agora — um ser humano comum capaz de realizar a grande joia-tesouro da mente. A terra dourada na conclusão é simplesmente uma forma da contação de histórias de dizer: "Se você não acredita na verdade disto, basta olhar para o solo dourado. É a prova de que tudo é verdade!"

De uma perspectiva budista, nossa condição humana não é um reino de náusea existencial, mas, sim, de liberdade potencial. Roshi Kapleau, comentando em seu diário sobre sua iluminação registrada em *Os três pilares do Zen*, escreveu: "Sinto-me à vontade como um peixe nadando em um oceano de água fria e límpida depois de ficar preso em um tanque de cola... e muito grato... Mas, principalmente, sou grato por meu corpo humano, pelo privilégio como ser humano de conhecer esta alegria, como nenhuma outra."

A história também diz algo sobre o poder. O rei naga tem o poder de escapar, mas não causará danos ao fazê-lo. Ele tem veneno (a história completa diz que ele poderia destruir uma cidade com um único suspiro), mas está decidido a não atacar. Como nos comportamos em uma discussão com nosso parceiro, cônjuge ou filho? Nós nos apegamos às nossas visões arraigadas? Quando nos sentimos ameaçados, reagimos com exagero? Podemos ouvir, assimilar o que é dito e controlar nosso veneno? Mesmo cometendo erros há muitas vidas, o Buda encontrou uma maneira de ser modelo de um caminho de paz.

Han Shan, eremita Zen, escreveu em *Cold Mountain* (conforme traduzido por J.P. Seaton, James Sanford, Arthur Tobias):

Meu coração é como uma lua de outono
Perfeitamente brilhante na piscina de um verde profundo
Nada pode se comparar a isso
Me diga como isso pode ser explicado.

Todas as comparações e metáforas são insuficientes. Ninguém pode fazer justiça à realidade da mente — a mente que vê cores, ouve sons, pensa pensamentos, entende palavras, come quando tem fome, dorme quando está cansada. O mestre Zen Eisai expressou isso da seguinte maneira: "Por que eu sou, o céu se projeta e a terra é mantida. Por que eu sou, o Sol e a Lua giram. As quatro estações vêm em sucessão, todas as coisas nascem porque eu sou, isto é, por causa da mente."

Luas, tesouros, reis, piscinas, rios, nagas, tudo apenas aponta para onde "o X marca o local". Resta a cada um de nós arregaçar as mangas, cavar e encontrar o nosso ouro escondido há muito tempo.

4. O músico mestre: a angústia e a insegurança de um Bodhisattva

Guttila Jataka, nº 143

O Bodhisattva, como músico mestre chamado Guttila, aceita um músico mais jovem de nome Musila como estudante, apesar de suas dúvidas sobre seu potencial para o egoísmo. E, de fato, Musila, uma vez totalmente treinado, procura imediatamente suplantar Guttila como músico real do rei.

O rei diz que o jovem vai receber a metade do que o mestre Guttila recebe. Mas Musila protesta, dizendo: "Eu sei tudo o que ele sabe. Além disso, ele está velho e sua força está falhando, enquanto eu estou atingindo meu auge. Faça um concurso entre nós e logo você verá quem é o melhor músico." O rei concorda com a competição.

O velho Bodhisattva, com medo de ser desmascarado no concurso iminente, foge e se esconde na floresta. Mas a escuridão e o terror dos animais à espreita e de coisas não humanas e invisíveis na floresta o levam de volta à cidade ao amanhecer — onde ele, novamente, se preocupa em perder. Então, ele corre outra vez de volta para a floresta — onde o terror novamente o leva para a cidade.

Isso acontece seis vezes.

Shakra, o rei dos deuses, chega perto dele e diz: "Sua música é tão divina que chega até aos céus. Até nós, os deuses, adoramos ouvir a sua música. Então, como uma forma de dizer 'obrigado', vou ajudá-lo. Rompa as cordas uma após a outra enquanto toca, até que não haja mais nenhuma. Mesmo assim, basta tocar e eu garanto que sua música ficará ainda melhor do que antes. Além disso, enviarei muitas deusas para dançar quando você tocar! Vai ser um show e tanto!"

Com a confiança restaurada, o Bodhisattva retorna, entra na competição, toca e, enquanto toca, rompe uma por uma as cordas de seu instrumento — e ele vence, ganha lindamente. Ele foi totalmente além da habilidade da mera técnica do jovem desafiante. Mais tarde, o Bodhisattva é levado aos céus por um tempo para entreter as deusas. Como pagamento por sua atuação, ele pede às deusas que contem a ele como chegaram ao céu. "Boas ações", dizem a ele. "Foi isso o que nos trouxe aqui."

Ele retorna à Terra com um senso novo e mais maduro de como as coisas se encaixam. Ele vê que, embora a música possa transportá-lo para o céu por um tempo, as boas ações têm o poder de deixá-lo viver por lá. Viver bem, não apenas tocar bem, torna-se o cerne de seu novo ensinamento, algo que ele agora oferece a cada apresentação.

> *Quando se trata de bondade, não é preciso evitar competir com o seu professor.*
> *— Confúcio*

O Zen afirma que, para cumprir as responsabilidades de ensinar, é preciso se destacar ou ir além do professor. Isso não tem nada a ver com competitividade ou superioridade. Hoje em dia vivemos em um mundo de Musilas forçados a só pensarmos em nós mesmos, com marketing e branding a cada passo, a autopromoção é o nome do jogo. O egocentrismo que isso pode gerar pode se tornar um obstáculo no caminho para a felicidade genuína.

Há um aspecto que é preocupante neste Jataka: sua aparente falta de justiça. O mestre músico Guttila, o Buda em uma vida passada, tem um deus a seu lado! Quem poderia ter chance contra *isso*?

O arrivista Musila só pensa em si mesmo, mas será que isso é tão surpreendente? "O veneno da abelha é o ciúme do artista", escreveu William Blake na Inglaterra do século XVIII. Todo artista sabe que sua renda depende não apenas da qualidade real do trabalho, mas de sua reputação percebida. Você pode se comover ao descobrir a injustiça das artes. Vincent van Gogh nunca vendeu uma pintura. Herman Melville nunca recebeu uma palavra positiva sobre sua obra-prima, Moby-Dick. Blake morreu na obscuridade e na pobreza. Até mesmo o mundo da publicação de livros infantis, sobre o qual eu já sabia alguma coisa e em que costumava ser conhecido por sua graciosidade, tornou-se um mundo do "salve-se quem puder".

Parece engraçado, mas não é brincadeira. É difícil lá fora.

Guttila, o Buda em uma vida anterior, como artista, há muito tempo perdeu a paz de espírito e a fé em si mesmo por causa do seu desejo comum de ser reconhecido e respeitado. O Bodhisattva é humano e está mergulhado na lama, com todos nós.

Quando o príncipe Siddhartha saiu de seu palácio em busca da iluminação, ele não estava encenando. Ele ficou chocado, foi atingido profundamente pela impermanência e doeu.

Quando ele era o cervo baniano, conheceu o terror da caçada até os ossos. Ele não estava brincando, dando uma piscadela, e dizendo: "Ei, eu sou na verdade o Bodhisattva usando uma máscara de animal, encenando para apontar o Caminho". Ele é um animal em perigo — é por isso que ele pode arriscar sua vida para salvar outras pessoas. Ele conhece o terror delas. Em cada Jataka, ele é exatamente o que parece ser — um músico, um homem pobre, um rei, um cavalo, um cachorro, um deus. Ao mesmo tempo, ele é o Bodhisattva no Caminho — embora ele mesmo possa não saber disso. Ele não está consciente do que ele é, está apenas determinado a fazer o seu melhor e seguir em frente. No entanto, no Guttila Jataka, um deus — na verdade, o rei de todos os deuses — fica ao lado do Bodhisattva problemático e arma a competição a seu favor. O que é *isso*?

Quem pode explicar o gênio? Um deus desce, e isso é tudo o que foi escrito. No filme *Amadeus*, o piedoso e trabalhador Salieri tenta superar Mozart. Ele reza e trabalha, chegando ao limite de seu talento. Ainda assim, Mozart o supera por completo, sem nem mesmo começar a suar. É injusto e não pode ser explicado. No programa *Fresh Air* da NPR,

Leonard Cohen disse que se sentou com Bob Dylan nos anos 60, em Paris, após um show, e Dylan perguntou: "Quanto tempo você demorou para compor *Hallelujah*?". Cohen respondeu: "Dois anos". Em seguida, acrescentou: "Eu menti. Levei cinco." Então, ele perguntou ao Dylan: "Quanto tempo você levou para escrever *I and I*?", e Dylan respondeu: "Quinze minutos".

Dois tipos de gênio: um trabalha arduamente para o resultado; outro abre uma porta em seu cérebro e uma música simplesmente entra. Ambos são inexplicáveis. Então, mais uma vez, como formamos pensamentos e imagens? Talvez sejamos todos gênios e simplesmente não saibamos disso.

Esse Jataka de 2.600 anos sobre os dois músicos tem um toque clássico. É como um velho faroeste em que o velho xerife deve enfrentar um jovem pistoleiro para fazer a sua reputação. Ou é como Darth Vader empunhando seu sabre de luz contra seu mestre Obi-Wan Kenobi. Só que, nesta versão, não é a esposa do herói, o ajudante, o bêbado da cidade ou seus próprios poderes mágicos que o salvam. Em vez disso, um deus desce. Mesmo que o mestre músico Guttila em um dia distante no futuro seja o Buda supremamente realizado e extremamente confiante, neste conto ele não tem como evitar o sofrimento, a angústia e a perda da fé em si mesmo e precisa de ajuda.

O futuro Buda perde a fé em si mesmo? Precisa de ajuda? Tem medo de perder prestígio e dinheiro? Um futuro Buda não deveria estar além da dúvida, do outro lado do orgulho? Como mostra este Jataka, ele não está. Ele é como nós.

A tradição budista diz que aqueles que alcançaram a iluminação não são diferentes de nós. Eles apenas persistiram, mesmo com dúvidas, deficiências, fragilidades e ansiedades em suas costas. E, então, descobriram que os problemas não precisam ser obstáculos, mas podem se tornar degraus em um caminho de sabedoria. "Se o tolo persistisse em sua tolice, ele se tornaria sábio", diz nosso sábio ancião do Ocidente, William Blake.

Ou, abordando o assunto de outra perspectiva, o mestre Zen Keizan diz:

> *Você pode pensar: "Os patriarcas do Caminho do Buda distinguem indivíduos e capacidades. Não estamos à altura disso."... Quem entre os antigos não era um corpo nascido de uma mãe e de um pai? Quem não teve sentimentos de amor e afeição ou pensamentos de fama e fortuna? No entanto, uma vez que praticaram, praticaram completamente.*

O Bodhisattva continua não apenas por uma vida, mas por éons, lidando com as questões que surgem, deixando corpo e mente caírem no "não nascido" repetidamente, abrindo todos os cantos e fendas da mente e do caráter humano — indo até o fim.

Neste Jataka, o Bodhisattva descobre que viver com sabedoria e agir com bondade são um caminho mais seguro para estados mais elevados do que o transporte fornecido por seu próprio talento. Mesmo assim, estados superiores, cura mental e física, bem como percepções sobre realidades sociais, políticas, ambientais e metafísicas podem, de fato, ser realizados por meio das artes. Será que existe alguém que não tenha uma dívida de gratidão para com uma música, uma pintura, uma sinfonia, uma peça, um filme, um romance, uma história?

E, no entanto, tais transportes, bons e livres como podem ser, não garantem um andamento estável, mesmo para seus criadores. Muitos artistas incríveis tiveram vidas destrutivas. É um paradoxo. Alguns artistas apenas se tornam reais por meio da ilusão de sua arte. Nesses momentos, eles estão *lá* — completos e inteiros — capazes de nos levar com eles para a presença de nosso próprio potencial. Logo depois eles saem do palco e tudo acaba.

Neste conto de vidas passadas, o Bodhisattva foi pego em sua carreira e pelo terror de ver o sucesso ser eliminado. Talvez ele se preocupasse: "Quem eu vou ser se não for mais um músico famoso? Será que a vida valerá a pena ser vivida?" Naquela época, ele tinha um longo caminho a percorrer para ser simplesmente um ser humano livre, quanto mais um grande Bodhisattva. A história diz que ele foi gentil com seus pais ex-músicos, amparando-os na cegueira da velhice. No entanto, seu centro de gravidade ainda girava em torno de sua carreira. Por meio da dificuldade, ele passa a ver como está travado e, eventualmente, ao fim da história, não apenas vence, mas, ao conhecer e ouvir as histórias das deusas que apreciam sua música no céu, se abre para ir além; sua arte sozinha já não é mais suficiente.

Ser um artista não descarta uma vida saudável e generosa. Blake, Johann Sebastian Bach, Louis Armstrong e Rembrandt foram personalidades elevadas e grandes artistas. Muitos poetas, calígrafos e pintores Zen praticavam o Zen junto com ou como base de sua arte. Eles encontraram um equilíbrio, sua arte expressando sua prática de realização, sua prática nutrida pela alegria altruísta que encontraram em sua arte. Ainda assim, o talento para sermos totalmente humanos reside em cada um de nós — se o concretizarmos. Como todas as habilidades, esse talento precisará ser trabalhado, deverá ser *praticado*. Nascermos humanos nos dá a oportunidade de praticar a arte de sermos seres humanos autênticos. É um caminho para toda a vida, e podemos sempre, sempre, ir mais longe. Ao mesmo tempo, é a maneira comum com que caminhamos todos os dias.

O grande violinista Paganini, preso por dívidas, continuou a tocar. Com o tempo, suas cordas se romperam, mas ele perseverou, tocando cada vez menos cordas até tocar apenas uma. Quando foi libertado, ele eletrizou a casa com a conclusão de sua primeira apresentação pública, rompendo todas as cordas, exceto uma, e tocando com grande emoção e profundidade. O público ficou surpreso e, em seguida, perplexo. Foi como se um deus tivesse entrado no salão.

Então, como você vai tocar a única música da sua vida em um alaúde, não com apenas uma corda, mas sem nenhuma corda? É como diz um verso Zen: "Quando seu arco estiver quebrado e sua última flecha gasta, então atire, atire com todo o seu coração". É apenas esquecendo todas as cordas que a nossa música se torna verdadeiramente livre e sem esforço. Dando tudo de nós, trazendo atenção para cada respiração, para cada ponto do koan, para cada situação da vida, para cada erro, para cada problema, para cada ansiedade, a música da nossa vida fica cada vez melhor.

5. A SAGA DO JARDINEIRO: LIBERTANDO-SE DOS APEGOS

Kuddala Jataka, nº 70

O Bodhisattva, um jardineiro, decide sair de casa para praticar plenamente o Caminho quando vê sua velha pá caída no chão. Ele a pega, começa a fazer um último pouquinho de jardinagem, e se esquece de ir embora.

O tempo passa.

Outra vez ele decide partir e se comprometer com a prática espiritual. Mas, novamente, ao pegar a sua pá, é apenas um jardineiro outra vez.

Isso acontece seis vezes.

Na sétima vez, ele pensa: "Se eu não for embora agora para realizar o que devo realizar, não irei nunca". Diante do rio, ele joga a pá para trás, por cima do ombro, na água. Quando a pá afunda, o jardineiro grita: "Eu venci! Eu triunfei!".

Um rei que acabara de celebrar o dia no campo de batalha ouve isso e pensa: "Há um campeão cuja vitória parece ainda maior do que a minha!". Ele lidera seu exército até o rio e encontra o jardineiro.

Ele pergunta: "Onde está o conquistador que deu aquele grito?". O Bodhisattva responde: "Eu me venci. Que vitórias externas podem ser comparadas a isso?"

Erguendo-se de pernas cruzadas no ar, ele ensina o rei, inspirando-o a também praticar o Caminho. Vendo isso, os soldados do rei largam as armas, se juntam ao Bodhisattva e ao rei, partindo todos para as montanhas e para uma vida de prática espiritual. O povo da cidade logo se junta a eles.

> *Flores de cerejeira*
> *Se esparramam no auge de sua beleza —*
> *É muito mais difícil para nós*
> *Dissolver o nosso*
> *Apego ao mundo*
> *— Rengetsu*

Todo mundo tem lugares superficiais despedaçados que precisam ser trabalhados e em que nos debatemos. Essa luta com as nossas fraquezas é central para a nossa humanidade. É ao longo das linhas de falhas que podemos encontrar o nosso melhor caminho para a transformação interior.

O sesshin Zen pode nos colocar em contato com áreas difíceis, dando-nos a chance de trabalhar naqueles pontos em que somos crus e menos qualificados. Compulsões, apegos, zonas reprimidas e inconscientes da psique tornam-se acessíveis por meio desses retiros de meditação. Pode ser doloroso — e libertador.

Por que nos apegamos a ideias, pessoas, pontos de vista e coisas? Por que temos medo de soltar? O Buda também conhecia essa ansiedade e teve que trabalhar para ser livre. Tentar, fracassar, tentar de novo — com o tempo, a mente errante e indecisa do samsara se torna a mente comprometida e decidida da realização da prática.

É importante observar que o Buda não ficou sentado conversando sobre suas vidas passadas. Ele só contou as histórias Jataka em resposta a situações que surgiram dentro de sua comunidade. Elas eram uma forma de ajudar a desemaranhar nós e abrir portões. A história de por que ele escolheu contar esta história é esclarecedora: os monges compartilharam sua comida com um jovem faminto, que pensou: "Por que não me juntar a eles e comer bem todos os dias?".

Esse jovem raspou a cabeça, fez os votos, vestiu uma túnica e entrou na Sangha. Com o tempo, ficou entediado. Sua nova vida era a mesma todos os dias: levantar, meditar, mendigar, comer, ouvir uma palestra e meditar outra vez. A prática sem aspiração pessoal rapidamente se torna sem graça. A comida com a qual o jovem se alimentava era a mesma todos os dias. Imaginando as guloseimas que o mundo ainda poderia oferecer, ele deixou a comunidade. Mas quando essas guloseimas não apareceram, ele se lembrou das refeições regulares e, quem sabe, talvez de algo que ainda não conseguia especificar.

Ele vestiu as vestes e começou a praticar outra vez. Com o tempo, ele as tirou novamente. Ele andou para a frente e para trás — continuou com as vestes, abandonou as vestes — seis vezes. Na sétima vez, ele já estava farto. Indignado, ele mergulhou, deteve sua mente errante — interna e externamente — e alcançou a realização profunda.

Os monges ficaram impressionados. Como poderia um homem indeciso e obstinado, obcecado pelo apego à comida, atingir um grau tão elevado?

Ouvindo suas dúvidas, o Buda contou esse Jataka sobre uma vida passada quando ele lutou contra o apego, revelando que ele também tinha problemas semelhantes e precisara se esforçar para se tornar maduro. Não vendo a realidade de nossa totalidade, vivemos "pequenos", apegados a ideias e coisas. Blake escreveu sobre nosso estado de espírito isolado: "Mais! Mais! É o grito de uma alma equivocada. O homem não se satisfaz com menos que Tudo."

De uma perspectiva absoluta, se pudermos separar o absoluto do relativo, já somos a perfeição que buscamos. Ao mesmo tempo, temos nossos tropeços diários ao longo do Caminho. Seja lá o que for, nós vamos nos apegar. Quantos anos leva para jogar fora aquela pá maldita e ler as cartas de amor enviadas pelo vento e pela chuva, pela Lua e pelas estrelas, pelo sorriso de um amigo, pelo miado do gato?

Um poema do mestre Zen Ikkyu diz:

Todos os dias, os sacerdotes examinam minuciosamente o Dharma
E entoam sutras complicados sem parar.
Antes de fazer isso, porém, eles devem aprender
A ler as cartas de amor enviadas pelo vento
E pela chuva, pela neve e pela Lua.

O Buda também achou difícil.

Como jardineiro, ele lutou contra o apego — a uma pá! Ele avançou e retrocedeu, libertando-se e depois correndo para pegar sua velha pá novamente. Por que achamos que o nosso próprio caminho de lutar com os apegos será mais fácil? "Eu deveria estar menos apegado" já é um apego! A pergunta: "Por que deveria ser tão difícil?" é como perguntar a uma pedra por que deveria ser tão sólida, ao céu por que é tão azul, à grama, tão verde.

Sem sentido.

Ou talvez não. Sem perguntas, confusões e lutas, onde estaríamos? Como poderíamos amadurecer? A liberdade inclui a liberdade de questionar, de segurar firme e, quando chegar a hora, de soltar. Nunca é fácil, apesar da liberdade que o Zen nos garante ter sido nossa desde o início.

No entanto, livrar-se de tudo pode não significar destruir nada.

Talvez a relutância do Bodhisattva em abrir mão de sua pá não fosse tão tola. Sem apegos, onde estaríamos? A história parece presa a uma visão unilateral. Por que o jardineiro não podia manter a jardinagem e também cuidar de si mesmo? Isso é o que fazemos: viver nossas vidas, criar filhos, fazer nosso trabalho e manter uma prática. A vacuidade não é forma? A forma não é vacuidade? Por que tentar separá-los? Não vai funcionar pensar: "Aqui está o sagrado, e o comum, ali". Por que seu caminho não poderia incluir o trabalho em seu jardim? Nossa oportunidade como praticantes leigos é viver a verdade do Dharma não dual onde estamos, como somos.

Antigamente, seguir o caminho da prática significava literalmente sair de casa. O leigo P'ang ficou famoso em T'ang, na China, por despejar sua riqueza no rio para se comprometer com a vida desperta. Ele e sua família incomum (esposa, filha, filho — todos iluminados) viajavam participando de duelos do Dharma com monges e mestres e se sustentavam produzindo cestas de bambu. Mas até mesmo Ruth Fuller Sasaki, que traduziu os *Provérbios do Leigo P'ang*, se perguntou o que a Sra. P'ang pensava sobre a renúncia dramática de seu marido. Como ela reagiu quando ele disse: "Querida, sabe aquele dinheiro que estávamos economizando? Bem, eu, uh, joguei no rio. Legal, né?!". Por que ele não doou para um templo, um abrigo para pobres ou um orfanato? Será que em algum momento se arrependeu do que fez? Nos períodos em que o negócio de cestas de bambu estava devagar ou quando via uma família sem-teto na rua, será que gostaria de ter algum dinheiro para fazer um bom uso? Talvez ele fosse um cabeça quente, um tipo de pessoa para quem é oito ou oitenta, tudo ou nada. A clareza extrema pode ser sua própria cegueira.

Renúncias dramáticas têm seu lugar em nossas vidas e em nossa prática. Nessas horas, não há nenhum sentido — nem nenhuma forma — em se agarrar ao que foi superado. Todos nós nos desfizemos de coisas, deixamos de lado relacionamentos, renunciamos a visões, ideias e colocações que poderíamos um dia ter considerado coisas preciosas.

Mas abandonar os pensamentos mesquinhos, os pensamentos vingativos, o autocentramento desesperançado, vícios doentios do corpo-mente e certezas profundamente equivocadas é o que uma prática funcional realmente significa. Renúncias sutis, não dramáticas, quase invisíveis, oferecem poucos parâmetros óbvios de referência. Um ditado budista japonês afirma: "É melhor raspar o coração do que a cabeça". Em outras palavras, é melhor cortar nossas ilusões do que assumir a aparência externa de monge ou freira. Não é que os dois não possam andar juntos, mas raspar o coração é prioridade. Não há necessidade de grandes dramas. O pequeno quase invisível "desapego" marca um caminho de transformação, de crescente estabilidade e paz. Isso pode significar lavar a louça extra, desligar a TV, ler um bom livro, apenas sentar-se em silêncio ou fazer um retiro por vários dias para se envolver totalmente com a prática. O rio nunca está longe. Se é possível, por que não jogar fora a nossa velha pá? Aquilo que precisa permanecer permanecerá.

É mais fácil falar do que fazer. Neste Jataka, podemos ver o esforço envolvido para uma figura tão elevada como o Bodhisattva. Abandonar os apegos não pode significar ter *nenhum* apego. Afinal, somos humanos. É mais provável que signifique abrir mão de apegos desnecessários para realizar algo maior. Abandonando o apego às ações autocentradas, percebemos uma maior equanimidade e uma prática mais profunda. Renunciando ao envolvimento excessivo naquilo que é trivial, nos comprometemos com o que traz maior felicidade. Abandonando o apego excessivo às nossas próprias visões e desejos, à nossa concepção de quem e do que somos e da maneira como pensamos que as coisas *deveriam* ser, podemos experimentar o que realmente somos e sempre fomos. Desistindo de uma pá, construímos um eremitério, abrindo espaço para nos reunirmos, sentarmo-nos em silêncio e construirmos a prática de sermos seres humanos comuns.

A renúncia faz de nós negociadores, não destruidores. Abandonamos uma coisa para transformá-la em outra e, às vezes, o que não é mais necessário cai como fruta madura de uma árvore. Roshi Kapleau, ele próprio um fervoroso vegetariano, aconselhou as pessoas dizendo: "Não há necessidade de se forçar a renunciar à carne. Em algum ponto, ela vai desistir de você." Então, mais uma vez, às vezes com um esforço violento, uma pá é jogada e, *splash!* acabou. Está feito. Caminhamos para uma nova vida desconhecida, e muitos seres caminham conosco.

O esforço não é meramente necessário para se atingir um objetivo. O ensino Zen nos lembra que ele é uma expressão profunda da nossa natureza. Sem esforço, a prática da perfeição inata pode nunca ganhar vida. Como traduzido por Sonja Arntzen, Ikkyu escreveu:

Por seis anos, a fome e o frio perfuraram seus ossos até a medula.
A disciplina ascética é o ensinamento misterioso dos Budas e Patriarcas.
Estou convencido de que não existe um Shakyamuni natural.
Agora, no mundo, monges com manto de retalhos
são apenas sacos de arroz.

A prática do "saco de arroz" significa fazer tudo o que quisermos, empanturrando-nos como sacos de arroz, sem pensar nas consequências. Até o Buda teve que lutar com isso. Como disse Ikkyu, existe um caminho genuinamente aspiracional, que não surge naturalmente. Podemos resistir, mas, no final, esse *empenho* sustentado, para usar o termo de Dogen, é o nosso refúgio.

Ainda assim, "empenho" não precisa significar forçado ou tenso. Já existe dor suficiente em aceitar o que é e abandonar o que deve ser abandonado. Embora haja dor para crescer e amadurecer, há também triunfo, satisfação e alegria. Valorizemos o que é duramente conquistado. A boa notícia é que crescemos por meio de cada esforço sincero. As cabeças, olhos e mil mãos hábeis de Avalokiteshvara emergem de seu fracasso total. Retornar depois de cair é uma verdadeira expressão do Caminho.

O Bodhisattva, como jardineiro, descobriu que, ao tentar se libertar de um apego convincente à pá e ao trabalho com ela no jardim, mapeou o caminho da prática dedicada. Embora tenha falhado por várias vezes, não desistiu e sua determinação cresceu.

"A saga do Jardineiro" é uma fala de encorajamento, um presente de nosso ancestral, professor e companheiro humano, o Buda Shakyamuni.

6. O REI DOS REIS: O LIMITE DO DESEJO

Mandhata Jataka, nº 258

Em um passado tão distante que está além de todas as estimativas atuais, o Bodhisattva era Mandhata, o imperador do mundo. Naquela época, sua virtude era tão grande que ele podia fazer joias caírem do céu. Ele governou por milhares de anos e sua vida parecia interminável.

Um dia ele descobre que não pode satisfazer um desejo. Então, pela primeira vez, descobre que aqui na Terra os desejos nem sempre são realizados, ao passo que, nos reinos celestiais superiores, eles são. "Por que ficar aqui?", pensa ele.

Reunindo um séquito, sobe ao céu na misteriosa "Roda do Império" (talvez uma espécie de veículo voador milagroso). Saudado pelos Quatro Reis Celestiais, governa em um corpo humano que não envelhece por milhares de anos. Um dia ele não consegue satisfazer algum desejo e aprende que, embora esteja em um céu, ainda não está no céu final. "Por que ficar, então?", ele pensa, e sobe outra vez em sua milagrosa Roda do Império, até o Paraíso dos Trinta e Três Deuses, onde recebe tudo o que deseja, e onde Shakra, o rei dos deuses, compartilha seu trono com ele.

Depois de trinta milhões de anos terrenos, o carma do deus-rei se esgota, e um novo Shakra toma o seu lugar. Trinta e seis desses Shakras vêm e vão. Então, o Bodhisattva decide que o que ele agora deseja é governar o céu por conta própria.

Com esse pensamento egocêntrico, ele cai do céu.

Ao pousar no jardim de um palácio na Terra, um homem agora idoso em uma túnica de ouro, diz ao rei e aos nobres de lá que ele foi ao limite da busca por prazeres. Ninguém foi mais longe na tentativa de satisfazer o desejo. Ele agora sabe que o desejo é infinito e nunca pode ser satisfeito. Morrendo de imensa velhice, ele promete, em vidas futuras, trabalhar para se libertar do desejo, e não mais ser seu escravo.

> *Nunca pode ser satisfeita, a mente, nunca.*
> *— Wallace Stevens*

Temos a tendência de pensar no Buda como o modelo de bondade, sabedoria e virtude — e, de fato, algumas escolas do budismo enfatizam a sua perfeição. Por que não? Nossa natureza real e não iludida, a natureza de todas as coisas, vivas e não vivas, humanas e não humanas, é vasta, vazia, sábia, compassiva, livre; além do tempo e do espaço; em uma palavra, perfeita. O Buda Shakyamuni, o Buda de nosso período histórico, diz a tradição budista, não apenas percebeu essa natureza totalmente, mas também fez o trabalho necessário para incorporá-la totalmente. Os contos Jataka mostram que até ele, determinado e talentoso como era, levou vidas após vidas para atingir essa realização. Eles também mostram que, embora tenha cometido erros ao longo do caminho, ele amadureceu trabalhando com cada erro. Roshi Kapleau costumava dizer que tudo o que é feito com sinceridade não é um erro, mas uma parte necessária de nossa jornada.

No entanto, para onde pensamos que estamos indo? O mestre Zen Hakuin Ekaku, em sua *Canção em Louvor de Zazen*[3], diz: "Desde o início, todos os seres são Buda". Saber isso pessoalmente é o objetivo de nossa jornada. Mas o que é *pessoalmente*? Como conhecemos o calor ou o frio, o sabor ou o som *pessoalmente*? Como nos conhecemos? "Onde estamos indo?" é, em última análise, como perguntar: "Onde está o chão?". O sorriso do Buda e a risada do Zen começam aqui.

O Divyavadana é uma coleção, em sânscrito, de histórias de vidas

---

3 N. T. No original, "Song in Praise of Zazen".

passadas do Buda e de outros grandes praticantes de seu tempo. Nele, há uma versão mais complexa do Mandhata Jataka na qual aprendemos que essa história foi contada pelo Buda pouco antes de seu parinirvana, ou passando para o nirvana ou morte. Como foi um dos últimos Jataka que ele contou, essa historinha estranha ganha pungência e profundidade. Sua própria brevidade a marca como apropriada a um homem cuja energia vital está diminuindo. Por mais estranho que seja, devemos abordá-la com toda a seriedade. Naquela época, o Buda ofereceu este ensinamento final (conforme traduzido por Andy Rotman):

> Em um momento anterior, Ananda, eu estava cheio de apego, ódio e ilusão, e não estava liberto do nascimento, da velhice, da doença, da morte, da mágoa, da lamentação, do sofrimento, da tristeza ou do desespero. No entanto, experimentando a presença da morte, fiz um sermão sobre o carma de tal forma que muitas centenas de milhares de seres abandonaram a sua vida familiar e seguiram adiante como videntes fariam.

Ele, então, passa a contar o Mandhata Jataka. Na versão em páli, não é "muitas centenas de milhares de seres", mas apenas um grupo íntimo que se reúne em torno do rei moribundo. No entanto, ao longo dos 2600 anos desde que o Jataka foi contado pela primeira vez, quem sabe quantos seres foram afetados o suficiente por ele para, em pouco tempo, abandonarem o apego a si próprios. É provável que os números não parem de aumentar.

E qual é a mensagem dessa história? "Continue!", ou seja, uma instrução essencial sobre o que podemos chamar de Caminho. Como diz um ditado muito citado: no que diz respeito à vida espiritual, diz-se que existem apenas dois erros — um é não começar, o outro é não continuar até o fim. O Zen nos pede para continuar até o fim. "O Caminho de Buda é inatingível, prometo incorporá-lo totalmente." Este é o quarto de nossos Grandes Votos para Todos. "Até o fim" significa "sem brincadeira". Todo o caminho significa a plena realização de *anuttara samyak sambodhi* — a iluminação completa e perfeita, a iluminação que beneficia todos os seres. Perseverança e refinamento de visões e posições anteriores são esperados. Os contos Jataka revelam que isso levará vidas inteiras.

O Bodhisattva não era um novato em ir até o fim. Nessa história, uma vez que ele percebe seu erro, ele não se apega ao arrependimento pelo que acabou sendo milhões de anos de erro. Em vez disso, fez o que precisava fazer, descobriu o que precisava descobrir e seguiu em frente. Não chafurdou em autopiedade ou se culpou. Como um cientista cujo experimento fornece uma conclusão clara, obteve seus resultados e continuou. Como algum Picasso espiritual, seu período azul terminou, e ele começou a explorar outras cores. A atitude do Buda parece ter sido: "Agora eu sei por experiência pessoal que essa estrada não leva onde eu quero ir. Alimentar o desejo é algo que não pode levar ao contentamento, assim como beber água salgada não pode aliviar a sede. Segui o caminho até o fim. Ninguém pode ir mais longe. É hora de seguir em frente."

Nos relatos clássicos da vida do Buda, há um momento em sua busca em que ele pratica ascetismo severo. Seu corpo se torna uma ruína e sua mente, um desastre. Perto da morte, um saco de pele e ossos feridos com tendões e veias, ele chega ao fim do caminho ascético. Olhando para trás, para aquele tempo difícil, ele diz: "Ninguém foi mais longe nas práticas ascéticas. Cheguei ao fim dessa estrada e descobri que não conduzia à liberação."

Um Jataka pouco conhecido, o nº 94 na Coleção Páli, diz que o Bodhisattva fora um asceta que persistia em práticas tão severas que realmente o mataram. Enquanto está morrendo, tem uma visão dos infernos e percebe que atormentar o corpo e a mente não é o caminho para a iluminação. Em seu leito de morte, ele solta tudo e obtém um insight. Os últimos resquícios daquele antigo carma se esgotam quando, assim como o ex-príncipe Siddhartha Gautama, desesperado pela iluminação, retoma as práticas ascéticas severas. Só que, dessa vez, chega ao seu fim, cessa as austeridades, se alimenta adequadamente e deixa aquele caminho doloroso em definitivo e para sempre. Ele cometeu um erro, viu seu erro, aceitou as consequências e corrigiu sua prática — marcando a trilha errada com um aviso para aqueles que o seguissem. Percorrer todo o Caminho foi e é uma forma de salvar seres.

E é isso o que ele faz neste Jataka ao tentar seguir, não a trilha do ascetismo, mas a do hedonismo. Mas nem a aceitação do hedonismo e das exigências do ego nem a abnegação do ascetismo satisfazem o Caminho do Meio. O Bodhisattva sabe disso pessoalmente por meio da experiência adquirida dolorosamente. Como um explorador ou desbravador abrindo uma nova trilha, está simplesmente determinado a descobrir se uma trilha promissora leva onde ele quer ir — ou não.

A visão de tempo e espaço desta história é fantástica. Se milhões de anos se passaram enquanto o Bodhisattva reinava no céu, que tipo de mundo ele deixou? Será que os dinossauros vagavam pelo lado de fora das paredes de seu palácio? E o que seria a Roda do Império? Parece um OVNI. Na verdade, os carros aéreos nos quais os devas voam de um mundo a outro são mencionados nos sutras budistas. Há até um Jataka (nº 159) em que o Bodhisattva, então um pavão falante, prova a um rei humano que, em uma vida passada, foi um rei ainda maior, apontando a localização de uma máquina voadora cravejada de joias que, naquela época, usava para se locomover por aí. Ele afirma que sua máquina voadora será encontrada enterrada na lama sob o fundo de um lago que se formou sobre ela há séculos. Obedientemente, eles drenam o lago, escavam e encontram a máquina de joias exatamente onde o pavão diz que estaria. É a deixa para a música do *Twilight Zone* ser tocada na cítara, na veena e na tabla.

O cerne da nossa história atual é que a velha trilha de agradar a nós mesmos, curvando-nos às nossas demandas imperiosas e sofrendo porque o mundo não atenderá aos nossos desejos, foi explorada até o fim pelo nosso guia confiável, o Buda Shakyamuni. Com a contação deste breve Jataka, talvez o último, ele põe um sinal claro para que todos vejam: "Não vá mais além. Você *nunca* poderá satisfazer o desejo."

Como mostra o conto, não importa quanta carne jogamos na boca do desejo, não importa o quanto nos dobramos ou nos contorcemos para atender às suas demandas, o desejo continua sendo desejo. Conquiste um mundo e, em seguida, o próximo oferece possibilidades ainda mais maravilhosas. O desejo surge de nossos esforços para aliviar a sensação habitual de ser um "eu" interior isolado, separado. O vício na droga do dualismo, uma embriaguez primitiva em que caímos repetidamente, não pode levar ao contentamento. Os sutras dizem que seria como esperar que um fantasma criado por um mágico conheça a totalidade.

O reconhecimento da impossibilidade de se satisfazer o desejo autocentrado não é uma compreensão de nenhuma cultura ou tradição específica. No conto dos Irmãos Grimm "O pescador e sua esposa", um pobre pescador retira do mar um linguado falante. O peixe implora por sua vida e o homem, comovido, o solta. Sua esposa fica indignada. "Era um peixe mágico! Volte e diga que você merece uma recompensa. Uma bela casa de campo em vez desta choupana é o suficiente." O homem retorna a um mar agora túrgido. Ele chama e, quando o linguado vem à superfície, faz seu pedido. O peixe concede o desejo ao pescador. Agora eles moram em uma bela casa de campo com um jardim. Um dia, a esposa diz: "Diga àquele peixe que precisamos de uma mansão". O homem vai para o mar, onde ondas verdes se agitam sombriamente. O linguado diz: "Pronto. Você mora em uma mansão."

Dá para perceber o que está por vir.

Como é possível viver feliz em uma mansão se você não é o soberano de tudo o que vê? Então, a esposa se torna rainha e eles, agora, moram em um palácio. Mas isso também não é suficiente. Ela se torna uma imperatriz em um palácio de ouro. *Droga!* Não, isso também não vai funcionar. Ela se torna Papisa, mas se cansa desse poder espiritual limitado. Ela vê as nuvens soprando, o sol brilhando, a lua e estrelas brilhando, as árvores se agitando e diz: "Eu quero ser o Deus Todo Poderoso e fazer as nuvens voarem, o vento soprar, fazer o Sol e a Lua nascer e se pôr". O mar, antes azul, é escuro e fétido. O vento uiva. Ondas poluídas batem nas rochas sob um céu escuro e caótico. Ah, mas o pescador está assustado. Apesar do coração acelerado, ele chama o peixe e faz seu pedido louco. "Vá para casa", diz o peixe, e quando ele volta, sua esposa o espera no portão do velho casebre que eles tinham no início.

Embora os Irmãos Grimm nunca digam isso, talvez o pescador e sua esposa agora tenham a chance de ser felizes. Eles percorreram o caminho inteiro e descobriram por si mesmos que não importa o quanto você obtenha, desejo é desejo e nunca poderá ser satisfeito. Aí está — a sabedoria do Buda em um conto de fada.

É preciso dar crédito à esposa nessa história: ela teve a coragem de percorrer o caminho e fazer o que todos nós poderíamos desejar — para satisfazer o desejo da mente. Ela assumiu a responsabilidade por nós e mostrou onde o desejo leva. Que lugar é esse? De volta às nossas vidas comuns, carregadas de carma, exatamente como são.

Se você prestar atenção, poderá ver a raposinha sarnenta de Wu-men (o ex-chefe de um mosteiro, que, como ser humano, não conseguiu entender a sutil verdade de causa e efeito) espiando por meio dos arbustos do segundo koan de *O portal sem porta*[4]. Como Wu-men disse em seu comentário sobre esse caso, "Se você tiver o único olho da realização, compreenderá como o ex-chefe do mosteiro desfrutou de 500 vidas de graça como uma raposa". Podemos até admirar a esposa do pescador. Ela desejava que o Sol, a Lua e as estrelas estivessem sob seu comando. Será que ela, de certa forma, percebeu o seu direito nato? Ela questiona: como nos contentar com fama ou riqueza quando é possível ter o Sol pela manhã e a Lua e o céu estrelado à noite?

Na história "O pescador e sua esposa", o contentamento, a paz e a felicidade não vêm do fato de a esposa ter seus desejos realizados. Ser escravo do desejo não traz felicidade. Nem a felicidade pode vir da supressão do desejo. Isso significaria apenas forçar o desejo a se esconder e, ao mesmo tempo, desejar não ter desejos. A vida deles parece melhorar, mas o mar só fica mais escuro.

William Blake diz: "Os homens são admitidos no céu não porque tenham reprimido... suas paixões ou por não terem paixões, mas porque cultivaram seus entendimentos." Ele também nos diz: "A estrada do excesso leva ao palácio da sabedoria".

---

4 N. T. No original, *The Gateless Barrier*.

Palavras sábias e corajosas, e parece que o Bodhisattva concorda. O Bodhisattva percorre o Caminho, marcando-o claramente para todos os que o seguem. Mesmo como membro não apenas de um por cento, mas de um por cento do um por cento, como imperador mundial e depois como rei celestial de longa vida, ele permanece aberto para cultivar o entendimento que proporciona a liberação. Seguindo seu Caminho, cultivando a compreensão, também nós podemos reconhecer que aquilo que pensávamos que éramos não é a totalidade do que somos. Tentar preencher uma delusão com coisas que a tornam feliz é como tentar enfiar o Universo em uma caixa de sapatos. Nosso erro dualístico leva à bagunça deste mundo onde a riqueza atropela a pobreza, as florestas são destruídas, os ecossistemas são aniquilados, as espécies são eliminadas e o ar e a água são tratados como *commodities*.

Temos a sorte de ter os marcadores de trilha deixados para nós pelo Bodhisattva. Quem sabe quanto tempo permanecemos no engano, no desejo insatisfeito, insatisfação ou *dukkha* no banco do motorista? (A palavra *dukkha*, um termo sânscrito para designar o sofrimento da vida, refere-se literalmente ao atrito, ao rangido, o grunhido de uma roda que não gira suavemente sobre seu eixo.) Agora, podemos ir mais longe. O passado profundo fica para trás enquanto contamos nossa respiração, seguimos a nossa respiração, nos dedicamos ao nosso koan e nos sentamos com todo o coração. Um milhão de anos de ansiedade desaparecem. O cheiro do incenso, os sons do trânsito, o canto dos pássaros, o gotejar da chuva, o sopro do vento nas árvores ou o zumbido de uma fornalha ou do ar condicionado é tudo o que existe. É isso! É isso!

Onde quer que estejamos, seja o que for que exista, deixamos entrar, tomar conta de nós, enxugar um milhão de anos de lágrimas. Percorrer todo o caminho não significa necessariamente caminhar indefinidamente para o futuro. É aqui, agora.

7. O TEMPO É CURTO: SOLTAR, IR PARA CASA

Bhallatiya Jataka, nº 504

Há muito tempo, o Bodhisattva era um rei chamado Bhallatiya, e as coisas não iam bem para ele. Ele decide que precisa de uma pausa nas complexidades do trabalho e de casa. Uma noite, deixa o palácio em silêncio e sai sozinho com uma matilha de cães para caçar nas montanhas. Sob as estrelas, sozinho com seus cães, com suas fogueiras, armas e habilidades, ele se sente renovado. Então ele fica por lá, desfrutando da paz e da liberdade recém-descobertas.

Um dia ouve o som de duas pessoas, claramente um homem e uma mulher, soluçando. Dizendo aos cachorros para ficarem onde estavam — para não assustar os dois —, sobe a montanha. Ele é outra vez um rei, alguém que conhece questões e problemas, e agora, compassivamente, apenas busca ajudar. Ele descobre não duas pessoas, mas um belo macho e uma bela fêmea kinnara — seres delicados, meio humanos, meio pássaros — com os braços em volta um do outro, em lágrimas.

E pergunta: "Qual é a causa da sua angústia?".

Eles lhe dizem que, embora desejem estar sempre juntos, nunca ficar separados, uma noite o rio subiu tão rapidamente em uma tempestade que eles foram separados por uma enchente. "Eu tinha ido colher flores para enfeitar o nosso refúgio noturno", soluçou o macho, "e fiquei preso na outra margem do rio". "Era impossível atravessar aquela enchente", soluçou a fêmea. "Tudo o que podíamos fazer era correr ao longo das margens opostas, chamando um ao outro durante a noite, pela primeira vez afastados, separados. É por isso que choramos."

O Bodhisattva diz: "Não me lembro de nenhuma chuva forte recentemente. Quando foi que isso aconteceu?"

Eles respondem: "Há seiscentos e noventa e sete anos atrás. A dor daquela noite nunca nos deixou".

"Há quanto tempo vocês vivem?" ele pergunta.

"Mil verões", eles respondem, "nunca envelhecendo ou passando por problemas de saúde até que um dia nós simplesmente desapareçamos sem dor, como o cheiro do perfume ou das flores desaparecendo no ar".

Atordoado, o rei se afasta, o cabelo arrepiando ao longo de seu pescoço. "Passaram-se setecentos anos", pensa ele, "e, mesmo assim, por uma noite de separação, eles ainda choram". Ele reúne os cães e as armas e se dirige para casa. O rei se sente como se tivesse abandonado seu palácio e seu povo por tempo suficiente.

Vou me levantar e sair agora, e irei para Innisfree.
—W. B. Yeats

A única tradução completa para o inglês da Coleção Páli, publicada em 1895, estranhamente chama os dois seres não humanos neste Jataka de "fadas", evocando para esse conto uma espécie de atmosfera de *Sonho de uma noite de verão*. Dado seu profundo apego um ao outro e sua aversão à separação, eles deveriam ter sido mais apropriadamente chamados de *kinnaras*, pois essas são as características tradicionais atribuídas a esses seres. Na verdade, este Jataka está esculpido em relevo no grande monumento budista de Borobudur (templo situado na Ilha de Java, na Indonésia) e, lá, os dois não humanos são claramente mostrados como *kinnaras* — meio humanos, meio pássaros.

Encontros estranhos com seres não humanos (não simplesmente animais) foram registrados ao longo dos milênios. Hoje, podemos chamar os *kinnaras* de "alienígenas" e pensar em discos voadores ou portas dimensionais. Mas, talvez, seres não humanos sempre tenham existido. Sutras budistas dizem que *nagas, garudas, kinnaras, devas, asuras* fazem parte do ecossistema maior do nosso planeta. Eles também dizem que os mundos estão espalhados como grãos de areia pelo universo — e isso, pelo menos, a ciência moderna confirma facilmente.

Outra coisa estranha sobre esse breve Jataka é que o Bodhisattva é um caçador. O primeiro preceito budista não é matar, mas sim cuidar de todas as vidas. *Ahimsa* ou não causar sofrimento é a base da ética budista. Então o que está acontecendo? Caçar é matar. O budismo afirma que todos os seres desejam viver e ser felizes. Até as bactérias resistem à morte. Podem ser necessários antibióticos cada vez mais poderosos para eliminar uma "cultura", o nome com o qual agraciamos as colônias bacterianas. No entanto, neste conto, o Bodhisattva é um homem com armas, cães de caça e um gosto por carne grelhada. Ele não fez votos de não causar sofrimento. Talvez esse Jataka esteja no início de sua carreira como Bodhisattva. Exceto pelos últimos dez, os contos Jataka não são organizados em nenhuma ordem. Nós apenas teorizamos sobre um senso de progressão ao vermos o que acontece.

Assim como o Bodhisattva desta história, muitos de nós hoje vivemos como reis e rainhas de tempos antigos. Periodicamente, nós também sentimos a necessidade de atender ao chamado, de deixar a complexidade, renunciar às nossas pilhas de "coisas" acumuladas e partir para a simplicidade de um acampamento ou de uma cabana. Queremos tocar o solo, nos reconectar com a natureza e fazer uma espécie de retiro. O Bodhisattva como esse rei caçador, há muito tempo, assim como nós, já buscava a "mente comum" do Zen.

E, de fato, na selva ele se desata. As estrelas giram no céu à noite e um sol dourado nasce todas as manhãs. Que simplicidade! Que maravilha! E aí vem aquele soluço.

Só então, quando tudo está indo tão bem, o rei, tocando o solo da paz, ouve soluços. Instantaneamente suas habilidades reais são despertadas: "Problemas! Conheço bem!" E lá vai ele investigar.

Subindo a montanha sozinho (seus cães poderiam ter assustado os chorões — nisso vemos sua força e sua sensibilidade), ele encontra dois delicados seres não humanos sofrendo por angústia e, sendo rei, talvez capaz de fazer algo a respeito, pergunta: "Qual é a causa do seu sofrimento?". É a pergunta que está por trás de todas as nossas vidas: "Qual é a causa deste sofrimento?". Os *kinnaras* respondem que, embora sempre quisessem ficar juntos, eles foram, no entanto, separados. Miticamente, os *kinnaras* expressam sua identidade essencial: sempre amantes e amados, eles nunca produzem filhos para não perturbar sua afeição perfeita ou criar separação. Então, essa separação forçada causada pela chuva repentina e a inundação os atinge em sua essência. Criaturas de graça e beleza extraordinárias e mais do que humanas, eles estão devastados por terem sido forçados a se separar. Eles não têm habilidades para enfrentar o que a vida lhes impõe. Sua delicada perfeição é destruída e eles não conseguem superar ou contornar isso. Não conseguem se recuperar.

A angústia também é a nossa experiência da primeira nobre verdade, que será proclamada pelo Buda (que é este rei e caçador!) centenas, senão milhares ou milhões de vidas futuras. Sofremos porque nós também, muitas vezes, nos sentimos separados daquilo que amamos, forçados a estar onde preferiríamos não estar. A segunda verdade revela que a fonte de nossa angústia é o nosso próprio apego mortal ao conceito de um eu separado e permanente. Nosso terror começa com o conhecimento de que esse eu supostamente permanente está desaparecendo, enferrujando a cada respiração. No entanto, nos agarramos a ele como se não fosse simplesmente provisório, mas algo sólido. Essa é a "condição humana".

"Oh, monges", disse o Buda no *Sermão do fogo*, "o mundo está em chamas com o fogo da ganância, do ódio e da ignorância". Imaginando que estamos separados de insetos, estrelas, rios, nuvens, plantas, animais e de outras pessoas, tentamos satisfazer as necessidades desse eu separado e, assim, acender o fogo da ganância, do ódio e da ignorância. Confusos e enganados, nos atribuímos uma tarefa impossível e ilusória. Como podemos estar separados quando cada elemento de cada átomo em nossos corpos surgiu da explosão de uma estrela distante? Como poderia ser verdade, uma vez que os momentos mais profundos e gratificantes de nossas vidas acontecem não quando nos agarramos à crença de que estamos separados, mas quando soltamos? A sensação de separação que nos assola pode se enrolar feito cortina de bambu e revelar um país desconhecido, mas muito familiar. Como o mestre Zen Hakuin diz em sua *Canção em louvor ao zazen*, "O lugar onde estamos é a terra pura de lótus, e este mesmo corpo, o corpo de Buda".

No entanto, como diz o *Sutra do Lótus*, no meio da conflagração, com nossa casa em chamas, ainda nos sentamos com os nossos joguinhos. Possivelmente iremos mentir, trapacear e roubar enquanto corremos persistentemente em direção ao que parece oferecer conforto, apesar da dor que isso pode causar. Podemos nos afastar cegamente do que ameaça o nosso egoísmo, embora isso pudesse apagar as chamas e nos trazer alívio.

A segunda nobre verdade, que o sofrimento surge de um erro de compreensão, acrescenta que, ao nos libertarmos de perspectivas equivocadas, podemos nos livrar do sofrimento criado por nós mesmos. A terceira verdade afirma que a maçaneta está ao nosso alcance. A quarta diz que existe uma maneira de usar o corpo e a mente, uma forma de viver que gira a maçaneta e abre a porta.

O Zen acrescenta que abrir a porta não aumenta nossa sabedoria ou nossa compaixão. Em vez disso, ele nos leva de volta à sabedoria e à compaixão que existiam desde o início. Nossos poderes e virtudes estão ocultos devido às nossas próprias visões egocêntricas limitadas e ilusórias.

Em um futuro distante, o rei caçador será o príncipe Siddhartha Gautama. Em um dia como qualquer outro, ele deixará seu palácio protegido e sairá para as ruas de sua cidade. Nesse momento, ele também estará em uma caçada — em busca daquilo que ainda não sabe. Nesse dia, sentirá angústia, pois verá, como que pela primeira vez, o terror da nossa situação cotidiana. Ele descobrirá a inevitabilidade da doença, da velhice e da morte e compreenderá que, não importa o quanto ansiamos por permanência, não importa as garantias que amontoemos ao nosso redor, permanecemos tão impermanentes quanto poeira ao vento. E não apenas nós, mas todos os que amamos. Pais, amigos, filhos, animais de estimação

— ninguém nem nada dura. Nem mesmo o eu que reconhece isso, que gostaria que não fosse assim, que escreve ou lê essas palavras, sabiamente reconhecendo: "Sim, é verdade".

A dor dos *kinnaras* abriu o rei caçador para o que estava faltando. Sua viagem de caça não adiantaria nada. Não há nada de errado em fazer aquilo que nos recupera. Todos nós precisamos de um tempo longe de tudo. Mas não podemos ficar. Não vai resolver aquilo que nos acorda durante a noite, estejamos descansados ou não. O tempo está passando. Às vezes ouvimos bem alto e, em algum momento, ouvir passa a ser uma motivação para ir mais longe, ver mais profundamente e descobrir o que está de fato acontecendo.

Os *kinnaras* são seres amáveis e sensíveis. Seu amor terno é admirável — e, ao mesmo tempo, triste. Criaturas gentis, frágeis, porém imutáveis e, portanto, limitadas, eles permanecem atordoados com a sua experiência. Oprimidos pela amargura de uma separação forçada, inocentes como cordeiros levados ao matadouro, eles ficam presos, incapazes de lidar com sua dor e seguir em frente. Profundamente apegados um ao outro como são, eles ainda não reconheceram o mundo mais amplo. Nós, humanos, embora não tão puros ou tão inocentes, somos feitos de uma matéria mais dura. Podemos digerir as nossas experiências, nos recuperar, aprender e seguir em frente, amadurecendo por meio da dor e das perdas à medida que avançamos. Essa é a nossa força.

O que o Bodhisattva viu parece-lhe familiar. A duração da vida dos *kinnaras* faz com que os problemas subjacentes que todos enfrentamos, humanos ou não humanos, se destaquem com total distinção: a vida é preciosa e o tempo não espera por ninguém. Coisas que não queremos que aconteçam certamente acontecerão. Mesmo uma vida longa e sem dor e a garantia de uma morte suave não oferecem uma escapatória final. O tempo perdido nunca pode ser recuperado. Devemos encontrar paz e liberdade onde estamos e como somos, ou, como os *kinnaras*, estaremos presos em uma história antiga, incapazes de viver plenamente cada novo momento. O encontro próximo do Bodhisattva com esses seres não humanos serve como um chamado para despertá-lo. Decide, então, voltar para casa, trabalhar com afinco e fazer o melhor ali onde está, não mais buscando isolamento e fuga. Ele lembra o que e, talvez, quem realmente importa. Cada momento da vida cotidiana, pleno de responsabilidades e complexidades, passou a ser precioso para ele: nenhum desses momentos deve ser desperdiçado ou perdido. Uma vez que passe, nem um instante pode ser recuperado.

O rei da nossa história desce a montanha com um vislumbre de *algo*. Podemos chamar isso de fé, esperança, discernimento, determinação, força ou prajna. Podemos chamar de conhecimento, bondade, generosidade ou habilidade. Qualquer que seja o nome, por mais tênue que seja, não ignore. Somos mudados por esses momentos — caso não sejam suprimidos ou enterrados por nós mesmos.

Dois não humanos sensíveis choravam amargamente por causa de uma única noite de separação que ocorrera há muito tempo. Embora fossem viver por mil anos, mesmo uma separação tão insignificante parecia terrível — posto que nem um minuto dela poderia ser substituído. Sensíveis como eram, apresentaram ao rei uma verdade impiedosa como o ferro: o tempo não espera por ninguém.

Não perca um minuto; cada minuto é fugaz e precioso. Cada minuto é sua vida.

Eles lembraram ao rei que qualquer vida, não importa quão longa seja, é repleta de complexidades inevitáveis que, provavelmente, trarão consigo desconforto, angústia e tristeza. Como encontrar a nossa paz no grande fluxo?

Como encontrar liberdade quando o calor e o frio de experiências dolorosas, difíceis e indesejadas surgem em nosso caminho? Diante de tudo isso, como viver nossas vidas sem desejar infinitamente o que não é e o que não foi? A boa notícia é que experimentar a separação pode nos ajudar a perceber o quão longe estamos de onde realmente queremos estar. Pode ser uma forma de refinar e corrigir uma visão muito limitada. A primeira nobre verdade é nobre porque é um insight da realidade. Sua música grave marca os nossos primeiros passos, talvez um tanto hesitantes, ao longo da estrada longa e sinuosa que nos leva para casa.

8. O macaco Bodhisattva: o horror do "eu e meu"

Garahita Jataka, nº 219

O Bodhisattva era um macaco, o líder de um grupo de macacos. Pego por um lenhador, ele é levado ao rei.

O rei gosta de seu novo animal de estimação e leva o macaco com ele para todos os lugares, não querendo se separar dele. Desse modo, o macaco Bodhisattva consegue ver a vida humana em todos os níveis: a sala do trono, o tribunal, a sala de jantar, as corridas de cavalos, o teatro.

Com o tempo, o rei sente remorso pelo confinamento do macaco e decide libertar seu animal de estimação. Ele diz ao lenhador para levar o macaco de volta à floresta onde o pegou e soltá-lo. E assim aconteceu.

Os macacos, surpresos ao verem seu líder vivo, perguntam-lhe o que aconteceu. "Depois que fui pego, fui levado ao rei e mantido por ele como animal de estimação. Comi alimentos deliciosos, dormi em almofadas de seda e tinha muitos brinquedos. Vi como os humanos vivem. Eu usava uma coleira e uma corrente de ouro. Um dia, o rei percebeu que fui roubado da minha casa e me soltou."

Os macacos pedem ao Bodhisattva que conte como era a vida entre os humanos. Ele se recusa, dizendo: "Foi horrível demais e não vou falar sobre isso". Mas eles insistem e, por fim, ele concorda, dizendo: "As pessoas exclamam: 'Meu! Meu! Este ouro é meu. É a minha árvore.' Sempre esse meu, meu! Eles não têm paz. Eles até matam por causa desse terrível 'eu e meu'".

Horrorizados com essa revelação sobre a vida humana, os macacos abandonam seu querido ponto de encontro para sempre, sentindo que foi irrevogavelmente manchado pelo que ouviram.

Sob os pés, a lama é profunda.
— *Provérbio Zen*

Não surpreende que haja uma série de contos Jataka em que o Buda é um macaco em alguma vida passada.

Na Índia, os macacos são tão comuns quanto os corvos. Dois mil e seiscentos anos atrás, as pessoas certamente observaram que os macacos eram muito parecidos conosco. Eles cuidavam de seus filhos e eram inteligentes, ágeis, divertidos, exasperantes e emotivos. Os contos Jataka refletem uma gama completa desses comportamentos.

Em algumas histórias, os macacos são tolos, arrancam plantas para regar as raízes, matando assim o que procuram proteger. Em algumas, eles são estridentes; em outras, inteligentes. Nas histórias em que são mais bem conceituados, a sabedoria e a compaixão vêm à tona. No famoso Mahakapi (Grande Macaco) Jataka, o Bodhisattva é um rei macaco que sacrifica sua vida para salvar seu povo usando o próprio corpo para fazer uma ponte.

Em outro conto, o macaco Bodhisattva salva um homem que está preso em um buraco. Libertado, o homem golpeia seu salvador com uma pedra, pretendendo cozinhá-lo e comê-lo. Mas ele está tão fraco depois de sua provação que o golpe é apenas superficial. O macaco o perdoa e, mantendo suas emoções sob controle, ou mesmo transcendendo-as, orienta o homem a encontrar a saída da floresta. O Dalai Lama contou esta história em Dharamsala para um público predominantemente tibetano, talvez modelando uma resposta de um Bodhisattva à brutalidade da China em relação ao Tibete.

No budismo tibetano, existe a tradição dos *termas*: tesouros do Dharma escondidos na terra, no céu, nas florestas e nas montanhas. Descobertos, eles oferecem orientação em tempos difíceis. Talvez os contos Jataka sejam o terma do Buda, deixados por Shakyamuni para nos lembrar da igualdade de todas as vidas, do valor do altruísmo e do funcionamento intrincado do carma, bem como para revelar o compromisso e o trabalho prodigiosos por trás do sorriso do Buda. Nós também somos incentivados a acordar para a realidade e, de fato, realizar o trabalho — e não apenas ter uma aparência adequada às circunstâncias.

Os Jataka unem todas as escolas do budismo. No comentário ao caso de koan nº 96 do *Blue Cliff Record* (Registros do penhasco azul, em tradução livre), *Chaochou's three turning words*, Yüan-wu imagina Hui-k'e, o Segundo Ancestral, parado na neve fora da caverna de BodhiDharma, pensando: "No passado, pessoas que buscavam o Caminho colocaram seus cabelos na lama para que um Buda pudesse caminhar, quebraram seus ossos e removeram a medula para obter um verso de sabedoria, pularam de penhascos para alimentar tigres. E eu?" Tudo isso são referências às histórias Jataka e, embora possamos, por exemplo, não ter a formação budista para reconhecer tais alusões do ensino Zen, elas estão lá.

O conto Jataka Garahita é muito breve. Embora o Bodhisattva não seja mostrado lidando com dificuldades ou solidificando uma virtude, toda a história fala da dificuldade. Ele foi roubado de sua casa, levado para longe de seus familiares e amigos, afastado de seu propósito de vida. Como ele lida com esses desafios? Resta a nós mesmos completarmos essas informações.

Presume-se que reconheceremos o quão difícil foi a transição da liberdade para o cativeiro dourado — e resta-nos imaginar os detalhes. Será que ele entrou em pânico quando foi capturado? Será que ficou deprimido pela escravidão? Será que tentou morder? Será que puxou sua coleira de ouro, quase se estrangulando para se libertar? Será que se ressentiu do cativeiro? Será que ansiava pelos amigos e pela natureza? Será que acabou gostando da comida, dos brinquedos, das cores, das paisagens e dos cheiros da cidade e da corte? Será que apreciou a amizade do rei? Em que momento e como será que ele aceitou o que não podia ser mudado e passou a trabalhar com, e não contra, as suas circunstâncias cármicas? Tudo o que sabemos é que ele manteve o controle e, de alguma forma, tirou o melhor proveito de uma situação ruim.

Este breve conto Jataka sobre o macaco modela o Caminho em meio aos desastres e às dificuldades da vida. A história nos convida a refletir sobre como lidamos com os obstáculos, os contratempos, a injustiça e a maldade que surgem em nosso caminho. Ela também pega a chamada "pirâmide da vida", aquela construção mental reconfortante com humanos no topo e todas as outras espécies abaixo, e a inverte numa *virada vigorosa*. Não é nada bonito. É um dos raros Jataka que mostra não como vemos os macacos, mas como eles nos veem.

Como seres humanos, temos o potencial de despertar, abandonar o egocentrismo e ser benéficos para com todos. Mas quando cedemos a visões infantis e nos demoramos em sonhos egocêntricos, criamos na Terra as mesmas condições aterrorizantes que agora conhecemos muito bem. As consequências trágicas do "eu e meu" se manifestam à nossa volta todos os dias. "Eu e meu" não é uma história antiga. É a base das nossas catástrofes atuais, alimentando a destruição ambiental e criando guerras baseadas nas desigualdades impostas de classe e raça. O enfrentamento das consequências do "eu e meu" define os nossos tempos. E essa história, tão clara em relação a uma questão de consequências terríveis para nós agora, tem pelo menos dois mil e seiscentos anos!

Embora humanos e animais muitas vezes falem livremente nos Jataka, isso não ocorre com os macacos e os reis humanos neste conto. Talvez esse Jataka chegue ao realismo de "A Tigresa", aquele Jataka clássico da tigresa faminta e do príncipe altruísta que oferece seu próprio corpo para salvar a cla e a seus filhotes famintos. Eles também nunca falam. Em vez disso, a motivação é dada e a ação mostrada. Talvez esses contos não ocorram em um passado muito distante e estejam mais perto de nosso próprio tempo. No entanto, qualquer criança que cresce com um animal de estimação sabe que os animais se comunicam conosco muitas vezes melhor do que nós com eles.

Ainda assim, nos Jataka, as conversas bidirecionais são a norma. Os cientistas hoje esperam restabelecer conversas reais entre espécies, tendo suas melhores perspectivas com primatas, corvídeos e cetáceos. A comunicação com elefantes e polvos também pode ser possível. Nesse caso, o mundo dos Jataka não está longe.

O Zen aponta para essa realidade. No caso koan de nº 69 no *Livro da serenidade*[5], *"O texugo e a raposa de Nan-ch'üan"*[6]:

> Nan-ch'üan dirigiu-se à assembleia e disse: "Todos os Budas do passado, presente e futuro não sabem que realmente é. Por sua vez, o texugo e a raposa sabem que realmente é."

O que eles sabem que os budas não sabem? Talvez devêssemos descobrir.

O que também é estranho neste Jataka é que o rei não precisa de nenhum incentivo para fazer a coisa certa. Ele simplesmente liberta o macaco. Não há necessidade de o animal Bodhisattva converter o rei humano a um melhor comportamento de acordo com o padrão Jataka usual. Em vez disso, o rei parece ter empatia real e apenas liberta o seu animal de estimação, sem qualquer drama além de um simples "Adeus, Macaco!".

Mas, então, vem o argumento decisivo.

Embora os personagens humanos do conto sejam bons, todo o mundo humano é mostrado como um universo absurdo — horripilante, na verdade — na visão desses chamados "seres inferiores". Nessa história, aqueles seres que consideramos abaixo de nós na "pirâmide" da vida não nos acham engraçados, sábios, belos ou admiráveis. Em vez disso, nos veem como seres lamentavelmente iludidos e profundamente destrutivos.

Sabemos que os animais podem ser mais puros em seus afetos do que nós. Talvez você já tenha ouvido falar, por exemplo, do cachorro que esperou todos os dias durante anos na estação ferroviária por um mestre que havia morrido e nunca mais desceria do trem. E há o elefante que não

---

5 N. T. No original, "Book of Serenity".
6 N. T. No original, "Nan-ch'üan's Badger and Fox".

comeu nada até que seu amigo cão estivesse bem. (Este foi um evento real mostrado no noticiário há alguns anos, e também é uma história Jataka [nº 27].) Os animais podem ser incrivelmente corajosos e altruístas. Os cães atacam os ursos para salvar seus "donos" e levam estranhos para o lugar onde há uma criança ou outro cão ferido. Eles enfrentam chamas para salvar humanos. Mesmo um gato pode afastar um cachorro para proteger uma criança.

Honramos os humanos que fazem essas coisas, vendo em suas ações a mais alta nobreza e a mais profunda humanidade, dando-lhes medalhas por abnegação e heroísmo. Ainda assim, uma vez que os animais fazem essas coisas, talvez não seja a natureza humana que devamos honrar, mas a nossa natureza como animal comum — ou melhor, a nossa *verdadeira natureza* comum a todas as formas de vida. Como os animais são corajosos e compassivos em nos ajudar e como são tolerantes com os nossos pensamentos errados, com a nossa alienação e a nossa falta de familiaridade. Sendo "familiaridade" outra palavra para "iluminação", é interessante observar o quanto os animais são semelhantes a um Buda, com cabelos, chifres, presas e garras intactos.

A prática do Dharma visa nos ajudar a dar uma guinada na nossa ilusão de alienação, para ir além do nosso sistema solar autocentrado, com "eu e meu" como seu sol. Tem como objetivo libertar-nos — e ao mundo — do pesadelo que nos faz sentir como estranhos, meros visitantes do planeta e do Universo, com direito a fazer às outras espécies o que jamais gostaríamos que nos fizessem. A prática do Zen nos permite recuperar a nossa familiaridade conosco e com todas as formas de vida. Não é algo que temos que "obter", mas que é nosso desde o início — ah *se* soubéssemos disso. Se "eu e meu" desaparecerem, mesmo que temporariamente, está pronto.

Começamos a prática da meditação porque temos alguma sensação de que o drama egocentrado conosco no papel principal e tudo e todos os outros no outro lado está perigosamente distorcido. Começamos a nos sentar em meditação. Experienciamos a nossa respiração. Começamos a questionar. Com o tempo, perguntamos: "Onde está esse 'eu' que supõe que possui tudo e tem domínio sobre tudo? Do que é feito esse 'meu'?".

Familiaridade significa acordar e ver o que já estava aqui desde o início. Pode ser avassalador — no bom sentido. No entanto, nossa aparente separação promete tanto que, como viciados, voltamos continuamente a ela. Mas suas promessas estão sempre na próxima curva, na próxima colina, após o próximo aumento de salário, após o próximo prêmio ou diploma, logo *ali* no futuro, em algum lugar vagamente à frente. "Geleia amanhã e geleia ontem, mas nunca geleia hoje" —, como a Rainha diz para a Alice, na história de Lewis Carroll.

Mas e hoje? Na verdade, e *agora*? O que mais existe lá?

Até o macaco Bodhisattva foi capturado. Será que a armadilha foi montada tendo como isca doces aos quais mesmo um macaco sábio não poderia resistir? Será que ele alcançou a armadilha com a isca, agarrou a guloseima e, não querendo soltar, ficou preso? "Oh macaco! Solte! Solte!" Quando olhamos para o mundo sem praticar esforços, somos como Narciso olhando para a lagoa, vendo o reflexo do "eu e meu". A boa notícia é que não temos que renunciar a pessoas ou coisas, nem afastar nada para encontrar a liberdade. A liberdade é nossa desde o início — *se* abrirmos os olhos e acordarmos para ela. O grande mestre Zen Dogen, comentando sobre o preceito de não negar ajuda espiritual ou material, diz: "Desde o início, não houve nenhuma mesquinhez. Nada foi sonegado."

Mas liberdade não significa que não haja limites.

Não estamos visando a liberdade egocentrada de fazer o que quisermos, quando quisermos, com o egoísmo que quisermos. A liberdade Zen significa liberdade do egoísmo — mundos de distância de um "vale tudo". "Já que não existe eu ou meu, vou pegar seu laptop; ele não pertence a ninguém", é uma maneira errada de pensar! Os preceitos budistas são claros. Interpretações autocentradas da vacuidade não servem! A prática Zen não nos dá nada que já não seja nosso. Ela apenas nos ajuda a viver na verdade das coisas como elas são.

As consequências de não conseguirmos estar de acordo com isso não são apenas pessoalmente trágicas. Como pensamos e, pior, *sentimos* que somos o centro de tudo, não conseguimos deixar de causar danos. Geleiras derretem, espécies e florestas morrem para nunca mais voltar e incontáveis seres sofrem. Tudo por causa de um erro na maneira como usamos as nossas próprias mentes.

O "eu e meu" é o nosso problema. Um momento de liberdade em relação a isso traz benefícios não de formas esotéricas e místicas, mas de formas simples e comuns.

À medida que nos intrometemos menos em nossas próprias vidas e nas vidas das pessoas ao nosso redor, causamos menos danos e vivemos com maior satisfação e equanimidade, sabedoria e empatia. *Meu* trabalho se torna meu *trabalho*; *minha* árvore está livre para ser minha árvore; e assim por diante. A sabedoria e a compaixão, que são a nossa natureza, têm espaço para funcionar. No entanto, embora sabedoria e compaixão *sejam* a nossa natureza, o paradoxo é que praticamos para tornar possível a sua realização.

O "eu e meu" pode confundi-los da mesma forma que um dedo pode bloquear a luz do sol. Familiaridade e realização são uma prática, uma possibilidade a ser realizada, uma escolha, um passo que damos de forma consciente e contínua. Trabalhamos nisso na sala de meditação e em nossas vidas. E embora não estejamos no controle desta Terra — micróbios e, devido ao seu grande número, insetos provavelmente ocupam essa posição —, ainda temos tanto poder tecnológico e econômico que as escolhas que fazemos, as coisas que fazemos e deixamos de fazer afetam inúmeras outras vidas, tanto humanas quanto não humanas, para o bem ou para o mal.

Há muito tempo, o Buda-como-um-macaco viu o horror de "Meu! Meu!" — a doença que ainda nos assola. A boa notícia é que a doença pode ser curada. Os ensinamentos e a prática do Dharma são medicamentos. Absorvendo-nos em meditação, contando ou seguindo a respiração, nos sentando totalmente conscientes do "pensamento não-pensamento" de apenas sentar, focando em um *koan*, bem como assumindo a responsabilidade por nossas vidas, defendendo preceitos, desculpando-nos e aprendendo a deixar o autocentramento desaparecer — tudo isso é um remédio que nos ajuda a aprender a deixar o "eu e meu" de lado, pelo menos temporariamente.

Depois disso, a nossa mente original pode surgir. Quando as águas do velho lago se assentam e as ondas param, quando tudo está quieto e o lago está transparente como o ar, às vezes se pode ver todo o caminho até o fundo. O que é que tem lá?

A sensação de paz que surge da familiaridade ou *não separação* que surge quando perseveramos no zazen não é o fim da doença do "eu e meu". Mas é o começo do fim.

Talvez um dia, se continuarmos, nós também sejamos tão sábios quanto os macacos.

9. Príncipe Temiya: força para manter-se firme

Temiya Kumaro Jataka, nº 538

O Bodhisattva, na pele do Príncipe Temiya e ainda bebê, vendo seu pai condenar prisioneiros, de repente se lembra de uma vida passada quando ele era um rei e também punia criminosos. Ele, então, lembra que, como resultado, passou oitenta e quatro mil anos em vários infernos até que expiou seu carma e finalmente renasceu no Céu dos Trinta e Três Deuses. Lá, o rei dos deuses pediu-lhe, para o bem de muitos seres, que renascesse de volta na Terra. Agora que está de volta, o menininho pensa: "Quando crescer, serei rei. Vou fazer o que os reis fazem e vou cair de volta no inferno. Devo me libertar de tudo isso."

Uma deusa que vivia em um guarda-chuva real tinha sido a mãe do Bodhisattva em uma vida passada. Ela lhe diz que, se ele estiver falando sério, deve agir como se fosse um inútil. Ele diz a ela que vai fazer exatamente isso.

Então, ele fica imóvel e indiferente a todas as tentações, bem como a todas as tentativas de assustá-lo ou obter alguma resposta por meio do medo. Diante do que quer que façam, ele permanece imóvel. Sua mãe se senta ao lado da cama e implora que ele responda. Seus pais caem em desespero. Quando ele tem dezesseis anos, tentam despertar a sensualidade dele. O príncipe para de respirar para não reagir.

Os conselheiros que, em seu nascimento, felizmente profetizaram grandezas futuras, agora aconselham o rei a matar o príncipe, pois sua própria estranheza pode trazer má sorte ao reino. Enquanto o cocheiro cava uma cova, o príncipe — depois de dezesseis anos de imobilidade — começa a se mover.

Para testar sua força, ele se levanta e ergue a carruagem — com uma das mãos! Depois, ele fala. O cocheiro fica estupefato ao ver o príncipe aparentemente estúpido, mudo, surdo e paralisado tão cheio de vigor, inteligência e vida. O rei ainda tenta convencer seu filho a voltar e aceitar o trono.

O príncipe se recusa, afirmando que não tem interesse nessas coisas e apenas busca a iluminação. Todos ficam tão comovidos com sua fala e determinação que o seguem até a floresta para também levar uma vida espiritual.

Outros dois reis pensam em assumir o território do reino de Temiya. Ao entrar na cidade abandonada e encontrar ervas daninhas e trepadeiras crescendo e joias espalhadas livremente pelo chão, eles são atingidos pela impermanência. Eles e seus exércitos também se juntam ao príncipe Temiya em seu eremitério na floresta.

Até os animais daquela floresta renascem nos reinos dos deuses.

O príncipe Temiya abriu mão de um reino, mas ajudou muitos seres.

Não há repetição, apenas persistência.
— William James

Este conto é um dos "Dez Jataka Finais", pinturas que adornam as paredes de templos budistas na Tailândia e em outros lugares. Essas últimas dez histórias do Jataka Páli, de nos 538 a 547, todos de nobres nascimentos humanos, revelam os testes finais enfrentados pelo Bodhisattva antes de seu nascimento como príncipe Siddhartha Gautama.

Esse Jataka é uma história simples, repetindo um teste de várias formas até que — *tchan- tchan- tchan- tchan!* —, com um floreio, evita-se a catástrofe e a tristeza se transforma em alegria.

A introdução do conto é surpreendente. Uma criança recém-nascida relembra vidas passadas e decide não repetir seus erros — e vê uma deusa. Os bebês pensam em vidas passadas e veem deusas? Uma lenda judaica diz que as crianças no útero conhecem toda a sabedoria e a verdade. Ao nascer, um anjo toca o lábio superior do recém-nascido com um dedo (deixando uma reentrância), e a criança esquece.

Nesta história, o Bodhisattva, como bebê, como criança e como adolescente, trabalha esforçando-se ao máximo para *evitar* as mesmas coisas que o restante de nós nos esforçamos tanto para conseguir — riqueza, poder, status e as vantagens do sucesso.

Para apoiá-lo nesse esforço, tudo o que ele tem é fé em seu próprio insight, o conselho de uma deusa em um guarda-chuva e sua determinação. Embora nossa determinação possa não ser tão sólida quanto a dele e, provavelmente, não ouçamos deusas falando conosco, nosso caminho é, assim como o dele, também baseado na fé — na fé de que existe algo além do intelecto, dos sentidos e do corpo, algo subjacente, ainda que não separado do que vemos, pensamos ou sentimos; na fé de que o Buda não foi um tolo ou mentiroso quando proclamou: "A maravilha das maravilhas! Todos os seres são budas, dotados de sabedoria e virtude."

A resolução do Bodhisattva está profundamente enraizada. Quando, como o ex-príncipe Siddhartha Gautama, ele se sentar sob a árvore Bodhi e o exército de desejos, distrações e terrores de Mara girar sobre ele, usará a força que ganhou nesta história. "Embora meu sangue e minha carne sequem e murchem", ele proclama, "Não sairei deste lugar até que tenha alcançado a iluminação completa".

Para mostrar o desenrolar dessa determinação, o Jataka deve apresentar um desafio sério. Sem coisas terríveis para enfrentar, como pode haver coragem? Para uma resolução formidável, deve haver um desafio formidável. Permanecendo impassível diante do fogo, de impetuosos elefantes, serpentes e espadas, indiferente ao calor intenso e ao ruído assustador (provas pelas quais passou na história inteira), e permanecendo impassível a todas as tentações, Temiya estabelece os alicerces. O palco está armado para as suas grandes vidas de iluminação que estão por vir. Por meio de testes, o Bodhisattva ganha poder para percorrer o Caminho.

No caso vinte e cinco do *Blue Cliff Record*, ouvimos que uma vez o eremita do Pico da Flor de Lótus ergueu seu cajado e se dirigiu aos monges: "Por que os velhos notáveis não permaneceram aqui depois de alcançar a realização?". Ninguém conseguiu responder. Então, ele mesmo disse: "Não há poder para o Caminho".

Os contos Jataka mostram que, para ganhar poder para o Caminho, o Bodhisattva deve enfrentar os desafios e as dificuldades da vida. Sendo testado, ele descobre do que é feito. O lótus desabrochando em meio às chamas é uma imagem budista que aponta para isso. Diz-se que o lótus só floresce por causa das chamas — a iluminação se abre por causa de paixões, tentações, erros, dificuldades. As dificuldades fornecem motivação. No meio delas, o Buda se torna genuíno e uma pessoa autêntica.

Sentar-se em zazen e viver uma vida sincera formam uma coisa só. Uma sala de meditação oferece oportunidades de prática, mas, como leigos, nos levantamos e entramos em nossas vidas. A prática na vida é onde e como ganhamos força para o Caminho. Os desafios da vida podem nos dar a confiança e a habilidade de que precisamos para que a nossa prática ganhe vida.

Até os monges, atualmente, encontram o mundo à sua porta. As decisões políticas e ambientais e suas consequências estão conosco a cada respiração, a cada gole de chá. A radiação e a poluição caem dos céus e caem sobre nós na chuva e na neve. Não há mais nenhum lugar seguro, separado. Alternadamente, não podemos nos enterrar no "mundo", nos perder nas distrações e chamar a isso de "prática integrada". Isso é como ficar sentado em zazen pensando ativamente e denominando essa atitude de "prática Zen". A prática é "um, dois, três", apenas esta contagem, apenas esta respiração, apenas esta pergunta, apenas este momento, deixar tudo o que vier ir embora. O Caminho do Meio não é um compromisso, mas um desafio para encontrar o equilíbrio no lugar onde estamos.

Mesmo assim, embora triunfante, esse Jataka é difícil de aceitar.

Os pais do príncipe sofreram terrivelmente e ele nunca deu um sinal para eles. Por que ele não falou, aliviou sua angústia fazendo-os prometer deixá-lo ir embora quando ele tivesse idade suficiente? Por que esse drama cruel de um coração frio? Talvez o Bodhisattva precisasse estabelecer uma firmeza absoluta de propósito; então, ele se manteve firme, apesar de uma aparente insensibilidade que pode nos fazer contorcer. É impressionante, mas não é agradável.

Talvez ele fosse muito jovem para entender a arte da negociação. Ou talvez ele entendesse o risco. À medida que envelhecemos, aprendemos a aceitar coisas que podem ter nos deixado chocados quando jovens. Talvez a criança Bodhisattva já fosse sábia ou experiente o suficiente para saber disso e não estivesse disposta a confiar nem em suas próprias decisões futuras.

A história apresenta uma visão sobre o carma e o caráter. O carma não é fixo, ele pode mudar. À medida que "estudamos o eu", que é como Dogen descreve a essência do Caminho do Buda, nós o consideramos surpreendentemente poroso. Gradualmente, "esquecemos" o eu habitual, incômodo e separativo e ganhamos maior liberdade para escolher novos caminhos. A história também mostra que a mudança não é óbvia, mesmo para um Bodhisattva. A questão do sexo é apresentada com algum realismo para um jovem de dezesseis anos. O Bodhisattva é tentado e interrompe a própria respiração para não reagir. Resistir à tentação não é fácil, mesmo para o Bodhisattva em sua décima e última vida. Afinal, ele era humano.

A compreensão da história das consequências potencialmente tristes do poder e da riqueza também não é ingênua. Em cartas incisivas, o mestre Zen Hakuin advertiu a nobreza japonesa que sua vida atual de conforto e comodidade poderia facilmente se tornar uma vida de dor e dificuldade se, por considerarem-se com esse direito, agissem de maneira insensível e maltratassem os outros. Então, o bom carma que os havia elevado se tornaria um mau carma, deixando-os em uma posição muito baixa.

É uma história familiar. Riqueza e direitos superam o caráter. "Eu mereço. Eu tenho esse direito. Então me dá, me dá logo!" Ou o dever chama, e um rei, confiando em seus especialistas, decide matar o próprio filho para proteger o seu reino. Quais poderiam ter sido as consequências disso? A criança estava certa — ser um rei e exercer o poder pode levar a um carma muito ruim.

A história também deixa claro que não vamos apenas flutuar no caminho espiritual. Devemos nos aprofundar, ir além da nossa zona de conforto e fazer o melhor possível. Zonas de conforto tornam-se prisões. Em cada ponto crítico, devemos escolher entre continuar ou não.

A dificuldade das escolhas do Bodhisattva define os eventos em alto contraste. O Buda, que contou esta história (e, como o Príncipe Temiya, a viveu), mostra a determinação do príncipe colocando tudo, o que inclui as esperanças frustradas de pais amorosos, contra a decisão mais firme de uma criança — um recurso narrativo que deixa incisivamente claras a integridade e a vontade dessa criança.

Existe um lado escuro. A inocência pode ser ingenuidade, infelizmente carente de simpatia. Por outro lado, o mundo da experiência, embora saturado, pode manifestar habilidade e compaixão ao enfrentar complicações. Nem a inocência nem a experiência são completas em si mesmas. Compromisso e diplomacia são habilidades maduras, conquistadas com esforço. Como o escritor britânico G.K. Chesterton escreveu: "As crianças são inocentes e amam a justiça, enquanto a maioria dos adultos é perversa e prefere a misericórdia".

Ainda assim, a resolução inocente da criança Temiya tem ressonância para os meditadores. A cada sessão, a cada respiração, podemos começar de novo. O Bodhisattva Manjushri, patrono das salas de meditação, mostra o caminho. Balançando a espada da prática da atenção, velhos hábitos desaparecem, permitindo-nos entrar plenamente no momento, vendo o grão no chão, ouvindo o canto do sabiá. A prática nunca é um hábito, mas um caminho de consciência que escolhemos incorporar. Podemos dar atenção às nossas mentes errantes e às suas velhas histórias, ou podemos dar nossa atenção à prática, deixando cada contagem, cada respiração, cada momento, cada koan ser fresco e novo. À medida que saímos do reino do hábito por meio da prática diária, nossas vidas se tornam novas e revigoradas.

Pode ser desafiador. Quem sabe o que vai acontecer amanhã? Quem sabe o que a próxima respiração, o próximo toque do telefone, o próximo noticiário trará?

Continua sendo uma escolha nossa abandonar o reino do hábito e manter o caminho da prática, mesmo que o amanhã possa não trazer a satisfação esperada de hoje. No entanto, sabemos onde *não* praticar nos levará. Como a criança no Jataka, vamos repetir o que veio antes. Um dia, o príncipe Siddhartha abriu a porta, saiu de seu palácio e seguiu andando. Eventualmente, deixamos nosso antigo lar de preconceitos, rotinas e hábitos para voltar para o que sempre foi, o que ainda pode ser.

Sem a intimidade que a prática traz, nossas vidas ficam facilmente obscurecidas pela crença no que não existe, sobrecarregadas com a confusão sobre a nossa própria natureza. Mesmo com a realização, o trabalho de não mais investir em velhos hábitos continua. No entanto, esse ato de vender água perto do rio é uma fraude. Não há ninguém que ainda não possua a natureza iluminada. O ensino e a prática do Zen fazem uma tempestade em copo d'água. *Não* falar sobre realização nos deixa paralisados. *Defender* a iluminação gera seus próprios problemas e ansiedades, levando-nos a perguntar: "Será que eu sou bom o suficiente? Será que algum dia eu vou realizar a verdade? Será que eu tenho coragem, determinação, compromisso, aspiração suficientes?" — e assim por diante.

Se continuarmos, encontraremos o nosso caminho — mas não há uma estrada fácil e bem iluminada. Temos que fazer o trabalho, cavar um buraco nós mesmos uma pazada de terra de cada vez, caminhar passo a passo, desafio após desafio em direção ao que podem parecer montanhas muito distantes. Contamos de um a dez e soltamos *tudo*, não afastamos *nada*. Não nos apegando a nada, enxergamos o que há lá, ficamos conscientes disso e, em seguida, liberamos. Pegamos um koan, questionamos, examinamos, somos examinados por ele, nos transformamos nele. Enfrentamos a ansiedade de nos sentarmos diante de um professor ou professora sem saber como responder, sem saber o que ele ou ela pode fazer para mover as coisas ou mostrar a nós mesmos a nossa própria estagnação. Continuamos com os desafios e problemas de nossas vidas. Como dizem os professores antigos, para ganhar poder para o Caminho, não nos apegamos à nossa prática, mas a atingimos em seu pleno potencial na vida.

Em meio às dificuldades, reconhecendo os velhos padrões e onde eles levam ou levaram, podemos encontrar sustento na disposição do Buda de compartilhar seus próprios esforços anteriores. Apesar daquilo que o carma traz ao nosso caminho, nós também podemos permanecer estáveis, reunidos e praticar. A Sangha nos oferece um lugar seguro para ultrapassar os velhos padrões, para realizarmos aquilo que descobrimos no zazen antes de voltarmos à nossa vida normal.

Não apenas repetimos a nossa prática, mas persistimos e perseveramos até que algo a que ainda não conseguimos dar nome, que mal se move ou fala, possa se sustentar por conta própria. Esse Jataka mostra que a persistência não apenas muda a nós mesmos, mas também a incontáveis outros seres.

Embora possa parecer bom demais para ser verdade, todo professor, do Shakyamuni em diante, nos diz que podemos colocar a nossa fé nesse algo. Nossa prática o sussurra como uma deusa em uma sombrinha. Se tivermos dúvidas, isso também é bom. Coloque à prova! Devemos ter a resolução de descobrir se o que o Buda diz é verdade.

E se ou quando descobrirmos por nós mesmos que isso é verdade, então quão fundo e quão longe podemos ir, quão longe iremos? Isso é tudo o que importa. Onde quer que estejamos agora, o que quer que tenhamos ganhado ou deixado de ganhar, podemos ir mais longe.

O Bodhisattva quando na pele da criança Temiya trabalhou duro para conseguir o que temos agora — uma vida de prática. Não temos que renunciar à nossa vida. Temos livros, professores e Sanghas. Podemos nos sentar, questionar e soltar. Podemos forjar a nossa renúncia em meio a dez mil coisas — paixões, tentações, desafios, alegrias, decepções, objetos e eventos. É uma prática nobre.

O Caminho não exige que façamos a renúncia literal de um Temiya. Nosso desafio é chegar ao cerne da questão exatamente onde estamos.

Ainda assim, o arquétipo da renúncia do príncipe Temiya parece verdadeiro. Vamos precisar de decisão e determinação. Mas, conforme os contos Jataka mostram, a decisão e a determinação aumentam à medida que continuamos. As dificuldades são o modo pelo qual ficamos mais fortes, pois nos ajudam a nos abrir totalmente, como o lótus florescendo no fogo.

10. Dois primos: lidando com o carma

Jataka Citta-Sambhuta, nº 498

O Bodhisattva, agora uma criança chamada Citta, e seu primo Sambhuta nascem no mesmo dia. Ambos são membros da casta Chandala (a casta mais baixa, considerada "intocável"). Na adolescência, os dois meninos são espancados simplesmente por pertencerem a essa casta. Renunciando aos caminhos do mundo que os despreza, eles se disfarçam de brâmanes e partem para começar a prática espiritual com um professor — um caminho que, de outra forma, não estaria aberto aos Chandalas.

Com o tempo, Citta se torna o aluno sênior. Em uma refeição, Sambhuta fica com comida quente entalada na garganta e grita no idioma de sua casta. Dessa forma, os primos são descobertos, novamente espancados e levados para a floresta onde continuam praticando juntos, envelhecem e morrem.

Renascidos como cervos, são mortos por um caçador. Renascidos como filhotes de águias-pescadoras, são mortos por um caçador de pássaros. Renascidos mais uma vez como humanos, Citta é o filho do capelão do rei e Sambhuta é o príncipe. Eles crescem como amigos. Sambhuta se lembra da dificuldade de sua antiga vida de casta inferior. Citta se lembra de tudo — daquela vida, assim como das vidas como filhotes, águias-pescadoras.

Aos dezesseis anos, Citta entra na floresta para a prática espiritual e obtém a realização. Sambhuta torna-se rei, envolvido em questões de governo. Depois de cinquenta anos, Citta sente que Sambhuta pode estar pronto para se juntar a ele. Usando poderes mágicos, ele voa para o jardim do palácio. Sambhuta oferece a Citta metade de seu reino. Citta lembra o rei de seus passados e de como o carma os trouxe àquelas condições dolorosas e às boas condições presentes. Ele aconselha o rei a ajudar seu povo e desenvolver um bom carma. Em seguida, para inspirá-lo, recita um verso sobre o doloroso passado Chandala, quando eram da casta mais baixa: "Sem teto para proteger do céu, entre os cães nos deitamos. Nossas mães cuidavam de nós enquanto caminhavam, mas hoje você é um rei."

Quando Citta voa de volta para o Himalaia, Sambhuta renuncia ao trono e se junta a ele.

Uma pessoa iluminada se enquadra ou não na lei de causa e efeito?
— *Mestre Zen Wu-men*

Como a prática do Dharma pode ser uma coisa tão boa, é normal esperar que, uma vez que começamos a praticar, apenas coisas boas acontecerão. Pode ser decepcionante descobrir que simplesmente não é assim.

Embora seja um desejo universal que pessoas boas tenham uma vida boa e apenas os perversos sofram, se mantivermos nossos olhos abertos, logo veremos que as coisas na Terra não são tão bem organizadas. O ensinamento budista diz que o carma é sutil e complexo. O que experimentamos agora pode ser o resultado de pensamentos e ações recentes ou pode resultar de um carma tão antigo que nem pode ser traçado nas linhas deste mundo. O budismo clássico afirma que o carma pode levar milhões de anos, até mesmo milhões de *kalpas*, para amadurecer e emparelhar conosco. Somos, então, todos nós, misturas complexas dos assim chamados carma "bom" e carma "ruim".

A questão da injustiça pode ser uma pedra no caminho para muitas pessoas, em especial nas religiões teístas. "O que há de errado com o Cara lá de cima? Ele não está bem da cabeça", é como meu pai, um veterano judeu da segunda guerra mundial que fazia voos de busca e resgate sobre o Himalaia (China, Birmânia, Índia), expressaria sua dúvida e sua raiva consideráveis sobre as coisas tristes, loucas e terrivelmente injustas que ele viu em sua vida. Sua questão chega à raiz da nossa angústia.

Em suma, se a divindade suprema ou o próprio Universo é bom, por que ocorrer um Holocausto? Por que há aranhas, mosquitos e insetos que picam e dão ferroadas? Por que tsunamis, terremotos e erupções vulcânicas que afetam inocentes? Por que criar ou permitir essas coisas? Na verdade, por que o sofrimento e o mal existem? Por que a doença e a pobreza afetam as pessoas boas e gentis, enquanto as pessoas mesquinhas, egoístas e desagradáveis são abençoadas com saúde e prosperidade? Por que existe escuridão e não apenas uma luz linda, doce e curativa?

Nossa própria versão dessas questões pode nos levar a um caminho de prática espiritual. No entanto, uma vez que começamos a andar, podemos sutilmente começar a pensar: "*Agora* tudo vai ficar bem". E isso é verdade num sentido mais profundo: é e será. Mas o cenário está sempre rosado? Ficamos desapontados, com raiva ou desiludidos quando não está? E quando encontramos obstáculos, injustiça ou maldade? Isso nos parece ser *errado*? Será que pensamos: "Mas não deveria ser assim! Estou praticando o Dharma sinceramente!".

Roshi Kapleau costumava dizer, falando sobre a prática Zen: "No começo, são rosas, rosas, rosas. Depois, são espinhos, espinhos, espinhos." O argumento dele era que, como nossa empolgação inicial em encontrar um caminho espiritual se esmorece e passamos a dar toda a nossa atenção ao trabalho, as coisas podem ficar difíceis. Começamos a descobrir questões e problemas subjacentes às nossas antigas dificuldades. Descobrimos que a prática espiritual não é uma fuga, mas um compromisso sério de fazer o trabalho real. À medida que praticamos, nossa determinação será testada, as profundezas do nosso compromisso, sondadas. Mas não é isso que queremos — uma meta digna de nossos esforços? Uma meta que leve tudo o que temos? Um objetivo que exija que sejamos reais, vejamos nossos medos, deficiências e esperanças irreais, e ainda prossigamos corajosamente no desconhecido *deste* momento presente, *nesta* respiração e na seguinte, *neste* pensamento e no próximo surgir de um pensamento, neste problema, neste insight. Não deveria ser assim?

O caminho do esforço sustentado, como o mestre Zen Dogen chamou, abrange vidas — incontáveis nascimentos, mortes, renascimentos — como mostram os Jataka. Dada a nossa complexa mistura de carma, que o budismo clássico afirma que remonta a um passado sem fim, vão acontecer coisas dolorosas difíceis de engolir ou digerir. Neste Jataka, o Bodhisattva, que por muitas vidas já esteve no caminho da prática séria do Dharma, nasce como um Chandala, é espancado e expulso, vivenciando a pobreza e o desprezo. Nem mesmo o Bodhisattva poderia se livrar da dificuldade.

A fuga literal das dificuldades pode não ser o que o caminho da prática oferece. Porém, se causarmos menos danos — e nossa prática certamente nos ajuda a fazer isso —, provavelmente sofreremos menos danos. Mas pode levar muito tempo até que os resultados de nossos comportamentos novos e mais sábios apareçam. Não será de imediato. É apenas mais um fio na mistura. As consequências de pensamentos e atos antigos continuarão a surgir, causando dificuldades. Estar livre *das* dificuldades não é a liberdade que vamos encontrar. O que vamos encontrar é a liberdade de aceitar por completo o nosso carma.

Coisas dolorosas acontecem a todas as pessoas, sejam elas boas ou más. A vida nesta Terra, como dizem os sutras, é a vida em um mundo *saha* — a vida em um mundo suportável ou tolerável, um mundo adequado à prática do Dharma, mas nem sempre gloriosa e radiantemente maravilhosa. *Existem* esses mundos, dizem os sutras, onde os seres nunca se sentem compelidos a trabalhar em si mesmos, onde a festa da vida é tão grande que nada mais é trazido à tona. Não surge nenhum questionamento. A tradição diz que, espiritualmente falando, os seres se desenvolvem lentamente nesses mundos. Por outro lado, nosso mundo *saha* não é tão esmagadoramente infernal e opressor a ponto de o trabalho interior transformador que poderíamos fazer estar além de qualquer possibilidade. Os sutras afirmam que esses mundos infernais também existem.

O nosso mundo é um mundo em que a prática espiritual não é apenas possível, mas *razoável*. Existem claramente muitos mundos aqui na Terra, mundos celestiais e mundos infernais. Mas, no espaço intermediário, esta terra intermediária (se preferir), este mundo *saha;* dizem os sutras que, se escolhermos trabalhar em nós mesmos, podemos evoluir mais rapidamente do que nos reinos celestiais e com maior segurança e facilidade do que nos infernais. Não apenas *devemos* desenvolver sabedoria e compaixão aqui, como *podemos*. Nosso reino misto é um lugar de oportunidade onde encontramos causas e condições favoráveis ao amadurecimento espiritual. Sabemos que, dadas as realidades da vida, faz sentido praticar.

O Jataka de Citta e Sambhuta mostra que, em suas vidas passadas, o Buda também sabia disso. E que ele também enfrentou desafios para colocar esse conhecimento em prática. No entanto, apesar das dificuldades, também para ele, perseverar era a única resposta sensata.

Com o tempo, esforços determinados dão lugar a algo menos autoconsciente e obstinado. Um relacionamento sustentado com a dissolução do corpo e da mente na prática Zen torna-se natural e normal. Mas, tal como aprender a andar de bicicleta, é algo que exige esforço, pedaladas, bandagens, rodinhas de apoio e alguém em quem confiamos disposto a correr ao lado por um tempo, antes de andarmos com confiança por conta própria.

É aqui que entram um professor e uma Sangha, uma comunidade de colegas praticantes. Precisamos uns dos outros. E as amizades do Dharma persistem por toda a vida — como mostra esse Jataka. Não é a primeira vez que afinidades saudáveis surgem e colegas e guias confiáveis aparecem. Isso também é um mistério que os contos Jataka atribuem, tal como fazem com as nossas dificuldades, ao funcionamento do carma, ou causa e efeito.

Do ponto de vista budista clássico, as dificuldades não chegam como punições e também não vêm de forma aleatória, mas como formas de trabalhar por meio do que criamos com os nossos próprios pensamentos e ações do passado. Situações difíceis podem ser formas de provar novas habilidades e melhorar reações antigas. À medida que continuamos a nossa prática do zazen, ganhamos a liberdade de escolher as melhores respostas para velhos problemas. Situações dolorosas ainda surgem, mas agora lidamos com elas de uma forma menos egoísta. Isso, por sua vez, gera um carma futuro melhor.

Neste Jataka, o Buda nasceu como um Chandala, a casta que era a mais baixa das mais baixas. Ele sofreu rejeição e abuso. Mesmo tendo aberto o Olho do Dharma, sofreu, aparentemente, de forma injusta. Ele se tornou um pária. Ele e seu primo praticavam na floresta e morreram, desconhecidos, não anunciados, esquecidos — e ele era o futuro Buda! Embora tivesse um carma difícil, o Jataka mostra que a aspiração e a afinidade pela prática religiosa e pelo despertar nada têm a ver com a nossa posição na vida.

Dizia-se que o Sexto Patriarca do Zen, um grande mestre, era pobre e analfabeto. Quer isso seja verdade ou não (há especulação de que não seja), o arquétipo é claro: a prática-realização é possível a todos, por todos. Isso fica claro nos Jataka, logo no início da tradição budista. Dada a cultura da Índia na época, os Jataka oferecem algo que é, em certo sentido, uma visão revolucionária e profundamente democrática. O nascimento não tem relação com o potencial de alguém. É simplesmente uma questão de perceber a necessidade de praticar e, então, praticar.

Nessa história, o Bodhisattva morreu em um estado de despertar, mas isso não removeu as aflições e as dificuldades de seu Caminho. Ele e seu primo e companheiro praticante Chandala renasceram como cervos e foram mortos. Eles foram chocados como filhotes de águias-pescadoras e, novamente, mortos. Eram só obstáculos e dificuldades! Mas depois eles eram o filho de um capelão e o filho de um rei, resultado de perseverança anterior na prática e, eventualmente, um ajudando o outro, eles encontraram seu caminho para a liberdade.

Não é apenas um conto antigo. Perseverar nas dificuldades, fazer escolhas, seguir em frente, encontrar oportunidades, sofrer injustiças é a nossa história, a sua e a minha. É também a história dos *dalits*, como os membros da casta se autodenominam na Índia hoje. Embora a "intocabilidade" seja ilegal desde a Independência, o preconceito e a discriminação, que incluem espancamentos, seguem acontecendo nas áreas rurais. Os *dalits* estão em grande número se convertendo ao budismo para mudar isso, derrubando os remanescentes do sistema de castas. Histórias antigas ganham vida diante dos nossos olhos.

Em uma vida de prática contínua, as portas se abrem. Vamos passar ou não? Se passarmos, será que vamos seguir em frente? A escolha é nossa, assim como a necessidade. Apesar dos obstáculos e das dificuldades, a boa notícia é nossa mistura do chamado carma "bom" e "ruim". Aqui, a necessidade de trabalharmos em nós mesmos é tão óbvia que é algo difícil de evitar.

Depois que a história foi contada, o Buda revelou que ele havia sido o sábio Citta, e seu primo, Ananda, por meio de quem os sutras chegaram até nós, Sambhuta. Eles ainda eram bons amigos. No entanto, mesmo o Buda e Ananda sofreram as "punhaladas e flechadas do destino cruel"[7]. Como termina o sofrimento? O mestre Zen Yüan-wu, que ampliou o *Blue Cliff Record* até sua forma final, escreveu: "O *Sutra do Diamante* diz: 'Se uma pessoa está prestes a cair no inferno por causa de um carma prejudicial em uma vida anterior, então, pelo fato de essa pessoa ser agora desprezada pelos outros, o carma prejudicial de sua vida anterior será extinto.'"

A extinção do carma prejudicial não acontece simplesmente seguindo-se o fluxo ou curvando-se a um destino externo. Também não ocorre apenas pelo fato de ser desprezado — embora a liberdade comece pela aceitação. Embora a aceitação seja onde começa a liberdade. Roshi Kapleau costumava afirmar que, quando acontecem coisas dolorosas que não conseguimos entender, devemos unir as nossas mãos e dizer: "Obrigado por essa oportunidade de lidar com o meu carma antigo".

Por fim, vemos que é o esforço para estar totalmente presente que muda a maré, o esforço de contar a respiração momento a momento ou da consciência da respiração, de prestar atenção a um ponto koan, ou

---

7 N.T. No original, "slings and arrows of outrageous fortune", citação de *Hamlet*, de William Shakespeare.

simplesmente sentar-se plenamente. Em meio às dificuldades trazidas pelo nosso carma antigo, o Zen pede que façamos um esforço, que nos sentemos eretos a fim de investigar até o fundo a questão que está por trás desse carma. Essa pergunta é: "Onde está a nossa liberdade agora?". Não apenas "Como podemos um dia ser livres, mas como *somos* livres agora?". O Zen nos aconselha a não sentar e esperar para perguntar ao futuro Buda, o Maitreya. Em vez disso, nos altos e baixos, em perdas, ganhos, traições, desilusões, falhas de comunicação, mal-entendidos, alegrias, doenças, ansiedades, erros, triunfos e tristezas que *são* a nossa vida, cada um de nós deve e *pode* encontrar a nossa resposta — e a nossa liberdade.

A questão que a vida coloca diante de cada um de nós — como somos livres, agora, em meio a obstáculos, dificuldades, sofrimentos? — é algo que o Zen honra profundamente. Nossa tradição nos diz que cada ser, incluindo nós mesmos, desde o início tem ou é essa natureza perfeita, íntegra e absolutamente livre, a natureza de Buda. Isso é reconfortante, mas também é um desafio. Se for assim, onde ela está? Por que não a conhecemos? Essa questão, essa *busca*, é central não apenas para a nossa prática, mas para as nossas vidas. Em meio a altos e baixos como Chandalas, cervos, águias-pescadoras, ascetas, reis, rainhas, médicos, professores, contadores, poetas, cozinheiros, jardineiros, padeiros, sábios ou tolos, saudáveis ou doentes, humanos ou raposas, a nossa resposta e a nossa prática estão aqui? E para que servem?

Nós nos curvamos ao Buda e aos nossos ancestrais do Dharma, mulheres e homens conhecidos ou desconhecidos que, perturbados por questões ligadas à escravidão e à liberdade, por questões de justiça e injustiça, perseveraram e, assim, entraram no Caminho. É devido aos seus esforços que nossos pés podem estar no Caminho hoje. No entanto, até mesmo o Bodhisattva passou por tempos difíceis. Sem um teto para protegê-lo do sol escaldante, exposto ao vento e à chuva, sem berço onde pudesse deitar, foi colocado no chão entre os cães. Não tendo casa, sua mãe cuidou dele enquanto corria ansiosamente pelas estradas empoeiradas. No entanto, nada disso acabou com sua sede pelo Caminho.

A vida exatamente como ela é, com seus defeitos e dificuldades ela *é*. Forma é exatamente vacuidade, vacuidade é *exatamente* forma. Essa é a essência da prática-realização, a essência da realização da prática. Ao longo de todas as suas muitas vidas, o Bodhisattva desejou muito despertar totalmente, compreender totalmente a natureza da mente e se tornar um buda completo. Em quantas vidas ele trabalhou nisso? Em quantas vidas ele *fracassou*? Ele ficou insatisfeito com todas aquelas milhares de vidas de Jataka, das quais apenas uma fração foi registrada e identificada, até que se sentou sob a árvore Bodhi e viu a estrela da manhã? Nesse caso, que desperdício teria sido — todas aquelas vidas, apenas tantos degraus em uma escada.

Em vez disso, por que não aceitar que todas aquelas vidas variadas (digamos quinhentas delas, por uma questão de conveniência) não eram (como afirma o mestre Zen Wu-men, comentando sobre vidas como uma raposa) incompletas, mas, eram sim, vidas de graça? Como os ensinamentos Zen e a prática do Dharma ao longo do tempo deixam claro, nem mesmo uma pessoa realizada, nem mesmo um Buda pode escapar de causa e efeito.

A certa altura, o Buda disse à sua assembleia que, mesmo como "o Buda", ele tem dez sofrimentos, os resquícios de atos profundamente egoístas que ele mesmo havia cometido há muito tempo, há muitas eras. Um somatório de suas doenças e dificuldades inclui uma variedade de enfermidades, entre elas úlceras e feridas não curadas, dores de cabeça e enxaquecas, reumatismo, períodos em que perambulou sem rumo, em que não teve o suficiente para comer, quando recebeu apenas os grãos mais grosseiros como alimento e viveu seis anos de dificuldades terríveis.

Em outras palavras, o Buda não começou como alguém especial ou perfeito. Em um passado incalculavelmente antigo, ele foi terrivelmente iludido, sobrecarregado por degradações pesadas, capaz de cometer os erros mais horrendamente egoístas. Mas ele mudou. Ele fez votos, praticou com sinceridade, seguiu em frente, aceitou as consequências de todos os seus erros do passado e deu o melhor de si.

A boa notícia é que nós também podemos.

11. O Grande Rei Bondade: o desafio da não violência

Mahasilava Jataka, n° 51

O Bodhisattva, agora um rei de Varanasi chamado Bondade, alegra-se com a generosidade e dá presentes aos necessitados. Um ministro rico rouba uma grande quantia do tesouro do rei. Quando questionado, ele fica com raiva, sai e vai para o reino vizinho de Kosala e diz àquele rei que o Rei Bondade é fraco.

O rei de Kosala envia grupos de ataque para testar o que lhe foi dito.

Por três vezes os homens do Rei Bondade capturam os invasores e, a cada vez, Bondade lhes diz para não causarem mal aos outros, lhes oferece presentes e os manda de volta para casa.

Convencido de que o Rei Bondade ficou enfraquecido por seu compromisso com a bondade, o rei de Kosala invade o seu reino. O Rei Bondade tem mil campeões prontos para lutar, mas ordena que não o façam. Os invasores capturam o rei pacifista e seus campeões e os enterram até o pescoço no cemitério, deixando-os como alimento para os chacais.

Quando os chacais vêm em busca de cadáveres, por duas vezes o rei e seus homens os assustam com gritos altos. Mas, na terceira vez, os chacais não se assustam. O rei então expõe sua garganta, como se estivesse oferecendo sua vida ao rei chacal, esperando uma morte rápida. Quando o líder do chacal ataca, o rei agarra seu pelo com os dentes e, ao se debater, o chacal afrouxa a terra que envolve o rei.

Os chacais fogem. O rei se liberta e, então, liberta os outros. Dois duendes que disputavam um cadáver que jazia naquele cemitério na fronteira de seus dois territórios pedem ao rei que divida o cadáver igualmente para eles. Usando sua magia, eles trazem ao rei um banho, uma refeição e depois sua espada. Erguendo sua espada, ele divide o cadáver perfeitamente. Em agradecimento, os duendes transportam o Bodhisattva e seus homens de volta ao palácio.

O Rei Bondade atinge o usurpador adormecido com a parte plana de sua espada. Despertado, o rei de Kosala, chocado com a reviravolta dos acontecimentos, aceita o fato de que o Rei Bondade exerce um poder muito maior do que a mera força das armas. Ele, agora, jura proteger o Rei Bondade e seu reino.

De volta ao seu trono, o Rei Bondade pensa: "Como qualquer vitória conquistada pela violência pode ser comparada a esta? Salvei o meu povo, e o de Kosala, de muito sofrimento."

Reunido com seu povo, ele diz a todos que, mesmo quando o sucesso for improvável, vale a pena perseverar no bem.

As flores de lótus florescem abundantemente no fogo.
— Provérbio budista

Este Jataka exemplar é mais do que um pouco estranho. O trabalho de um líder é proteger e, em nível nacional, isso pode significar travar uma guerra defensiva quando necessário. Mas qualquer guerra ainda é *guerra*. Existe outra maneira? O rei Bodhisattva não apenas acredita que existe, mas está disposto a ir ao limite para descobrir.

O Bodhisattva está determinado a ser um rei muito bom. Na verdade, seu nome proclama isso. Ele é o Rei Mahasilava, ou seja, o Rei "Grande Bondade". Sem nenhum desejo de renunciar ao seu papel no mundo, ele trabalha para vê-lo cumprido como um Caminho do Dharma. Esse é um modelo maravilhoso para a prática leiga: respeite a vida que você tem, a vida para a qual seus votos lhe trouxeram, e então faça o possível para confirmá-la como uma expressão do Caminho.

Parece bom, mas raramente é fácil.

Como pode alguém viver com ética e bondade em um mundo onde os três venenos da ganância, da raiva e da ignorância estão à flor da pele? Há muito tempo, o Buda, como Rei Bondade, enfrentou esse problema quando seu compromisso com a generosidade e a paz o colocou em conflito com a realidade da sua época. E podemos ver que os desafios dos nossos tempos não são tão diferentes daqueles de antigamente.

Para quem está no caminho do bodhisattva, a vida cotidiana é o contexto, é a base para incorporar as perfeições de caráter, as *paramitas* que começam com generosidade e terminam com conhecimento. A vida cotidiana e suas responsabilidades tornam o Caminho possível. Seus desafios *são* o Caminho. Eles não são obstáculos para o Caminho, nem estão no Caminho. Nossas vidas, com os altos e baixos da carreira e da família, não são obstáculos a um caminho de realização.

Aqui está o nosso desafio. Praticar significa praticar a realização, realizar a natureza desta vida, esta mente, este corpo, estes pensamentos e emoções.

A prática leiga do Dharma não é a prática monástica menos intensa. Ela é sua própria forma, construída no reconhecimento da diversidade, não da uniformidade. Trata-se de atualizar a prática em meio às "dez mil coisas". Como praticantes leigos do Zen, fazemos o zazen menos formal e realizamos menos cerimônia e liturgia do que os monásticos, mas, ao mesmo tempo, temos mais oportunidade de nos concentrar no essencial e integrar a prática nas realidades da vida no século XXI. Compaixão, sabedoria e habilidade amadurecem por meio dos desafios do trabalho, da família e da amizade. O Rei Bondade nos mostra o Caminho. O desafio é o mesmo: realizar votos *funcionais* de bodhisattva.

Nosso caminho está aqui, agora. É aqui que reunimos a determinação de ver profundamente e encontrar o lugar sem lugar que nunca deixamos. Praticando diariamente, aprendemos a mudar nosso foco de onde quer que nos apeguemos mentalmente a *esta* respiração, a *esta* contagem, a esta condição corpo-mente, a esta situação de vida. E, então, viemos para ver o que está aqui e sempre esteve aqui, perfeito, completo, inteiro. "Largar tudo" não significa diminuir ou perder comprometimentos. Não significa eliminar uma coisa chamada "eu" ou cessar a participação na família, nas amizades ou no trabalho. O que isso conseguiria? Qual eu você "largaria"? E quem faria esse "largar"? Largar tudo significa redirecionar — nos momentos apropriados — a nossa atenção de onde ela está, nos tornando presentes para o que é, não para o que *pensamos* que é.

O Zen questiona: "O que há aqui antes de nossos pais nascerem? Qual é a nossa Face Original?" Para ver além de qualquer nuvem de compreensão disso, praticamos liberar o apego a visões dualistas do eu "aqui" e do outro "lá fora". Mudamos o nosso foco para que o que está sempre aqui possa se mostrar. Eventualmente, podemos aprender a largar até mesmo o "largar", deixando de lado o "Eu entendi! Abandonei as visões dualistas!", e até mesmo o "Abandonei o pensamento de que abandonei as visões dualistas".

Se ficarmos alertas, os traços da realização serão continuamente removidos. Dogen diz que essa vida comum de iluminação sem vestígios continua indefinidamente. Parecer budista não é o mesmo que ser budista e fazer o trabalho real e exigente da prática no tapete e a prática de integração na vida. O essencial é ver através de nossas próprias visões egocêntricas ilusórias.

Neste Jataka, o Rei Bondade, embora forte e compassivo, é um excêntrico ao colocar em risco o reino para manter seus votos pessoais. O desejo do Bodhisattva de ofertar vem de vidas anteriores e percepções anteriores sobre a natureza vasta, pura e vazia (de conceitos autocentrados) da realidade. A compaixão surge dessa "vacuidade" — que não é o nada, nem é niilismo. A vacuidade é bem viva, bem cheia.

O Zen afirma que o comportamento generoso e altruísta é a expressão de nossa Verdadeira Natureza. A generosidade é a natureza da Mente Original e, se ela não for bloqueada, vai funcionar. Mas em geral ela *está* bloqueada em um ou outro grau. "Não faça isso! Largue aquilo! Afaste-se do fogo! Não brinque na rua! Atenção! Seja bondoso! Não seja bobo! Cuide do que é prioridade! Ame a si mesmo" podem ser conselhos valiosos. Ainda assim, em tempos de grande perigo ou estresse eles quebram; portas se abrem e atos altruístas entram. Homens e mulheres comuns fazem coisas extraordinárias, erguem carros para socorrer vítimas de acidentes, saltam para proteger alguém de balas, aparecem para dar uma mão.

"Por que ou como eu fiz aquilo?", podemos nos perguntar mais tarde. Até mesmo os animais podem nos surpreender com atos de amor, abnegação e lealdade — exatamente as coisas que gostamos de imaginar que nos tornam humanos. A verdadeira natureza significa a natureza de todos os seres. Se um eu condicionado é provisório, então todos os seres, incluindo a Terra, são o nosso próprio corpo e merecem cuidados. Dizer ainda: "Eu vou salvá-los!" pode nos levar de volta à névoa dualística.

Aí está, a doença dos bodhisattvas. "Os muitos seres são incontáveis. Prometo salvar todos", é o primeiro dos nossos Grandes Votos para Todos, os votos que os praticantes do Zen recitam após períodos formais de zazen. O desejo de salvar todos os seres, embora urgente e essencial, é, na verdade, também uma espécie de "doença". Se na realidade não há nada para chamar de um "eu" separado, mas apenas o surgimento de pensamentos e sentimentos, os chamados "agregados" ou *skandhas*, logo, sair de um caminho para ajudar um "outro ser" é uma espécie de erro de qualidade superior.

Segundo dizem, os budas são tão pobres, tão vazios de autocentramento que estão além até mesmo disso. Eles comem, dormem, andam, escovam os dentes, bebem seu café, leem o jornal e dirigem seus carros sem ideias autoconscientes de separação. Cada ato traz, de forma natural e inconsciente, alívio e benefício para todos. Mas os Bodhisattvas não podem deixar de *querer* oferecer. Para eles, não é "Me dê, me dê, me dê", a roda de oração inconsciente que giramos na maior parte do tempo, mas simplesmente, "Oferecer, oferecer, oferecer!".

O budismo afirma que o cosmos é vivo, ele é a mente, e a natureza da mente é a compaixão e a sabedoria prajna não dual — com a qual, de vez em quando, entramos em contato na nossa prática. Então, há apenas *esta* árvore, *esta* nuvem, *esta* estrela da manhã. Como diz Blake, "Se as portas da percepção fossem limpas, tudo pareceria, para o homem, como é —

infinito", ou como ele mesmo. O Buda percebeu isso depois de seis anos e uma noite de zazen repleta de provações, quando ergueu os olhos e viu a estrela da manhã. Tudo caiu, tudo aquilo que ele pensava ser ele mesmo "se foi, se foi, se foi completamente!" Apenas *estrela*! ESTRELA! Lágrimas correram em meio a uma espécie de tolice espantada — "Estava aqui o tempo todo e eu nunca enxerguei!". Uma estrela da manhã sentou-se abaixo da árvore Bodhi, todos os seres despertam.

Nesses momentos, nós mesmos somos Bondade e só queremos oferecer. Mas quem dá o quê a quem? O Caminho do bodhisattva é um esforço de muitas vidas para responder a isso no fazer, na ação, na vida. Na elevada doença do bodhisattva do amor arrebatador por cada ser, inseto, pessoa, estrela e árvore surgindo da compreensão profunda da vacuidade, da sabedoria prajna não dualista, ainda há uma entrega de si mesmo, alguém sendo excessivamente amoroso e gentil.

Após o despertar completo, depois que aquele último pedaço de autocentramento desapareceu, para onde quer que o Buda tenha olhado, ele viu seu próprio rosto olhando para si. Grama, insetos, rio, estrela, todos intimamente vivos! Uma estrela da manhã — a pupila do olho do Buda; um rio, o fluxo de seu próprio sangue! Ele estava em paz, acomodado, em casa. No entanto, a tradição budista diz que até o próprio Shakyamuni ainda segue trabalhando. Sua grande realização não levou à passividade diante dos problemas dos outros. Em vez disso, ele passou seus próximos cinquenta anos fazendo tudo o que podia para ajudar e ensinar. Ele criou uma Sangha. Promoveu a não violência. Ensinou tudo, independentemente de classe ou gênero. Neste conto, o Bodhisattva que um dia será o Buda ainda está na estrada, distribuindo coisas como um louco, desenvolvendo a vontade de sustentar a sua prática em todos os momentos, obtendo "poder para o Caminho".

Neste Jataka, o bom rei sofre e o mau rei não. Então, mais uma vez, o rei sábio do mundo nunca experimenta a alegria do Bodhisattva. Para chegar a esse momento pleno, o Bodhisattva teve que permanecer no Caminho, seguindo a rota da sua própria natureza mais profunda. No entanto, não há nada resolvido, nem mesmo para ele, até o fim quando, após testes muito difíceis, seu voto finalmente se cumpre.

Wu-men diz em seu verso para o caso vinte em *Gateless Barrier* (Barreira sem Porta): "Se você quiser conhecer ouro puro, deve percebê-lo no meio do fogo". Para nós, assim como para o Buda, os desafios da vida são o momento em que votos do bodhisattva podem ser testados e amadurecidos. No início da história, o voto do Rei Bondade é puro, mas inconsciente e ingênuo. No fim do conto, ao enfrentar as dificuldades colocadas em movimento por aquele voto, ele se tornou consciente e real.

A prática do Dharma começa como uma resolução, uma esperança de transformação em que trabalhamos no silêncio da sala de meditação. Uma vez colocados em prática, esse voto e essa esperança podem e continuarão a amadurecer por meio dos desafios de uma vida cada vez mais conscientemente vivida.

12. O MONGE QUE MENTIU: COMPREENDENDO OS GRANDES PROBLEMAS

Losaka Jataka, nº 41

Quando criança, aquele que se tornaria o arhat, Losaka Tissa, foi visto abandonado e morrendo de fome nas ruas de Varanasi por Sariputra, o grande discípulo de Buda, que então o trouxe para a Ordem Budista. No entanto, mesmo sendo um adulto e um arhat iluminado, Losaka Tissa nunca consegue comer uma refeição completa. A comida desaparece quando ele está prestes a comer, ou suas rondas de mendicância acabam sem sucesso. Sariputra, descobrindo sua incapacidade de conseguir uma refeição completa, se certifica de que Losaka Tissa tenha a sua refeição completa antes de morrer. Mais tarde, os monges perguntam o motivo pelo qual tudo isso aconteceu.

O Buda diz a eles que, em uma era mundial anterior, Losaka foi um monge com algum discernimento. Naquela época, um novo monge chegou e deu uma palestra que impressionou o patrono do mosteiro. Então, por ciúme e medo de ser tirado de seu lugar, Losaka Tissa escondeu suas participações nas refeições, bem como as ofertas de alimentos do novo monge, mentiu sobre isso e comeu ele mesmo a comida ofertada pelo novato. O novo monge, na verdade um arhat profundamente realizado e de excelente compreensão, entende o que está acontecendo e vai embora, com o propósito de não causar dificuldades.

Tarde demais, Losaka percebe seu erro. Cai, então, em desespero com o egoísmo superficial que o levou a agir de forma tão tola e violar preceitos. Ele morre e renasce em reinos inferiores por centenas de milhares de anos. Depois, renasce como um ogro por quinhentas vidas e só consegue o suficiente para comer uma vez. Renascido como um cachorro mais quinhentas vidas, ele outra vez apenas consegue o suficiente para comer uma vez.

Depois disso, nasceu em uma família de mendigos e recebeu o nome de Mitta Vandaka. Mais tarde, quando pioram as dificuldades na aldeia, todos os sinais apontam para ele, e ele acaba sendo expulso.

Em Varanasi, ele encontra o Bodhisattva e se une à sua comunidade, mas apenas para conseguir refeições. Ele nunca leva a prática a sério e não aceita críticas ou conselhos. Ele abandona o Bodhisattva e chega a uma aldeia onde se casa com uma mulher pobre e tem filhos. A raiva do rei cai sobre esta vila. Muitos são escolhidos por meio de um instrumento de adivinhação e, outra vez, quando todos os sinais apontam para ele, é forçado a sair. Ele é contratado como marinheiro de um navio que fica paralisado. Mais uma vez, usa-se um instrumento de adivinhação para ver porque os ventos morreram. Novamente, os sinais apontam para ele. Os marinheiros fazem uma jangada e o jogam ao mar.

À deriva no oceano, chega a ilhas com palácios de cristal, palácios de prata, palácios de ouro, palácios de joias; com quatro deusas, oito deusas, dezesseis deusas e trinta e duas deusas. Em todos eles, as deusas devem ir embora, mas dizem a ele para esperar, dizendo que voltarão em breve. Em vez disso, ele navega em busca de ilhas melhores, palácios melhores, deusas mais belas.

Ele pousa em uma ilha de ogros e, com fome, pega uma cabra para fazer uma refeição. Mas a cabra é, na verdade, uma ogra disfarçada que, em vez disso, o agarra e o arremessa ao mar. Ele pousa em um espinheiro perto de Varanasi.

Ele vê outra cabra e pensa: "Roubar uma cabra me trouxe até aqui. Talvez roubar outra me leve de volta àquelas deusas. Fui um idiota ao ir embora." Ele rouba a cabra; e os pastores, esperando para pegar um ladrão de cabras, agarram-no.

Ao levá-lo ao rei para que seja punido, eles passam pelo Bodhisattva com seus quinhentos alunos. O Bodhisattva diz: "Ele é um dos meus". Eles o liberam para o Bodhisattva. Depois disso, Mitta Vandaka, humilde e receptivo, fica com seu professor e realiza sua prática com sinceridade.

O Buda diz a seus monges: "Losaka Tissa foi ele mesmo a causa de ter obtido tão pouco e a causa de ganhar o estado de arhat".

> *Ele deve agarrar a corda com força e não soltá-la,*
> *Pois o boi ainda tem tendências doentias.*
> *— Imagens do rebanho de bois do Zen, "Pegando o boi".*

Embora não possamos fugir de causa e efeito — o funcionamento do carma —, podemos aceitá-lo e despertar para ele, perceber sua essência vazia e não ver as vidas passadas, mas olhar, de fato, para a atual. Então, mesmo em meio às dificuldades, encontramos certo grau de liberdade. Essa não é a liberdade que poderíamos ingenuamente esperar, "Ebaaa! Posso fazer o que eu quiser! Estou livre!". Mas, sendo realistas, podemos dizer: "Agora posso viver com alguma paz e dignidade em meio a dificuldades e mudanças".

O conto de Losaka Tissa começa com uma longa "história do presente" introdutória, sobre sua infância como uma criança pobre e abandonada e sua incapacidade, mesmo como um ancião iluminado da Ordem Budista, de conseguir uma refeição completa. Em seguida, passa para a história complexa de vidas passadas. O conto ressoa com a *Odisséia*, de Homero — jangadas no oceano, deusas, ilhas, retorno ao lar. A história pode ser antiga o suficiente para ter entrado na história de *Jonas*, que também é lançado ao mar quando jogam a sorte — ou vice-versa. Independentemente disso, temos que respeitar esse cara teimoso por abandonar repetidamente o glamour e o prazer para partir novamente para o vasto mar vazio. A mente da prática ainda está com ele. "Desperte a mente sem que ela permaneça em qualquer lugar", disse o Buda. E Mitta Vandaka, como ele é conhecido naquela vida passada, faz isso. Ele segue em frente.

A boa notícia é que Losaka Tissa amadurece no fogo de seus sofrimentos e se torna capaz de superar suas dificuldades. A bondade de Sariputra na "história do presente", que nos leva ao Jataka propriamente dito, é profundamente humana. É ele quem vê essa criança faminta, Losaka, e a traz para a Sangha. Mais tarde, quando Losaka é um arhat iluminado,

Sariputra dá a ele sua primeira — e simultaneamente a última — refeição completa, pouco antes de Losaka morrer. Sariputra surge como um ser extremamente humano.

A iluminação não confere nada que já não tenhamos. Não nos torna melhores, especiais ou mais livres das dores da vida. Naquela vida passada há muito tempo, aquele que havia sido o ancião Losaka Tissa teve uma compreensão. No entanto, a dor autocriada e centrada no ego de ser esquecido ou mostrado o segurou e prendeu. É muito difícil livrar-se de velhos hábitos.

Depois de um longo retiro de meditação, quando voltamos aos eventos e responsabilidades de nossas vidas comuns, podemos nos sentir transparentes, como visitantes de outro planeta ou viajantes do futuro. Isso não torna as coisas necessariamente mais fáceis. Às vezes, as coisas podem parecer mais difíceis por um tempo. "Liberdade" pode significar estar livre de ilusões. Sem os amortecedores habituais, vemos com mais clareza. O que é belo é de fato belo, e o que é mau, feio, doloroso e causador de dor não pode mais ser ignorado. Ficar mais claro significa que veremos belezas, erros e terrores de forma mais aguda. Aquilo que costumava ser esquecido não pode mais ser. Não podemos deixar de prestar atenção, porque é da natureza da mente estar atenta. Por meio da prática, ganhamos equanimidade, a capacidade de ver e experimentar as coisas de maneira mais constante. Não sendo jogados ou ficando imediatamente na defensiva, ganhamos a liberdade de agir com mais habilidade.

O ancião Losaka Tissa não diz: "Sou um ancião iluminado da Ordem do Buda. Eu mereço uma refeição completa!" Em vez disso, ele chega a um lugar sem lugar de paz, apesar de um passado obstinado, equivocado e egocêntrico. Ele chega lá por seus próprios esforços: "Este Losaka foi ele mesmo a causa tanto de receber pouco quanto de obter a qualidade de arhat". Quem somos é a causa e o efeito do que fazemos e fizemos — aquilo que nós mesmos fazemos e não fazemos é a essência. No entanto, embora seja fundamentalmente nossa responsabilidade, não vamos fazer isso sozinhos. Temos Sanghas, professores, locais de prática.

Koun Yamada Roshi disse que o propósito do Zen é a perfeição de caráter, mas ele não estava ensinando autoajuda ou autoaperfeiçoamento. O aperfeiçoamento de que ele falou vem de enxergar a nossa situação verdadeiramente e perceber que, na realidade, *essencialmente*, não há uma pessoa interior para sempre terrível e irrevogavelmente separada das dez mil coisas — Lua, estrelas, insetos, vento, animais, árvores, montanhas, rios, pessoas. E assim, em última análise, não há ninguém para se beneficiar do egocentrismo, ninguém que precise pegar as irritações da vida e transformá-las em comportamentos tragicamente tolos. Quando o apego a esse pequeno eu é abandonado, liberado, compreendido com ao menos um pouco de clareza, há apenas essa dor no joelho, essa risada do lado de fora da janela, esse sopro do vento nas árvores, esse zumbido do ventilador. A ligação dos pensamentos em uma sequência, o loop infinito que cria uma "pessoa" interna aparentemente separada, a chamada "estrada da mente", é interrompida. Cada momento está presente. Blake diz: "Um pensamento preenche a imensidão". Por meio da prática contínua, esses momentos podem se tornar a base de uma vida totalmente presente e consciente.

Quando as pessoas reclamavam com Roshi Kapleau, dizendo: "O que eu fiz para merecer isso?", ele mesmo conhecedor de problemas, respondia: "Muito". Se somos a causa de nossas dificuldades, embora preocupante, é uma boa notícia. Também podemos ser a causa de nossa liberação.

Então, por que não começar a seguir o caminho da prática? E, se o fizermos, por que permitir que pequenas irritações e inconveniências acabem com o que pode ser alcançado? Levantamos de manhã, talvez mais cedo do que desejamos, e sentamos em zazen. Levantamos da posição sentada para ir trabalhar e trabalhar em nós mesmos, colocando em prática aquilo que percebemos. Podemos ficar ansiosos antes de um encontro com um professor, mas vamos e descobrimos que, apesar da ansiedade, podemos emergir em um espaço mais iluminado. Trabalhamos para defender e incorporar preceitos e paramitas em eventos, provações, tribulações e alegrias das nossas vidas, não mais contentes em ficar à deriva. Estamos despertos na correnteza.

Isso não significa que devemos nos forçar a ir contra o que está posto ou a desdenhar o que parece certo. Esse tipo de pensamento leva a punir a si mesmo em vez de realizar a si mesmo. O Buda descobriu que o ascetismo era um beco sem saída e não uma forma de liberação.

Como iremos percorrer o Caminho do Meio da perfeição que o Buda ensinou? Os antigos professores dizem que é relativamente simples: pratique regularmente. Roshi Kapleau costumava dizer que dez minutos por dia, todos os dias, é melhor do que duas horas num dia e nada nos três dias seguintes. Respeite a sua prática. Sentada no tapete está a nossa versão do Buda sob a árvore Bodhi. É onde despertamos, nos tornando presentes a sons, cheiros, sensações, sons de pássaros, ruídos do trânsito, luz solar e sombras. Vendo com mais clareza, estando mais presentes, respeitamos tudo o que encontramos. Como Dogen diz em seu conselho ao cozinheiro, as panelas e as frigideiras devem ser respeitadas — elas são o nosso corpo.

Assumamos também nossos erros e, quando necessário, façamos o que for preciso para curar o passado e melhorar o futuro. Isso é o que o Bodhisattva faz nos contos Jataka ao enfrentar seus erros e as ações inábeis de outras pessoas. Por fim, sigamos em frente. Embora possa ser fácil de falar, ainda pode ser difícil de fazer. É difícil acordar cedo, é difícil renunciar às coisas que, de outra forma, desejaríamos. A prática do Dharma não é imediatamente conveniente. No início — o que pode significar anos e pode incluir décadas e vidas —, pode exigir um esforço autoconsciente. Diz-se que a mente é escorregadia, é como tentar agarrar uma cuia oca balançando em um riacho. Repetidamente perdemos a atenção e podemos tentar nos segurar à nossa prática, afastar tudo e nos agarrar a ela, em vez de incorporá-la. Também há momentos em que simplesmente perdemos o controle, cedemos a velhas tempestades emocionais e voltamos ao egocentrismo, quando cometemos erros estúpidos.

Não estamos sozinhos. Um leigo Zen na China da dinastia T'ang, notório poeta e governador de uma província, visitou um mestre Zen que tinha o hábito de praticar o zazen em uma árvore e perguntou: "Qual é a essência do Caminho do Buda?". O Mestre respondeu: "Fazer o bem. Evitar o mal. Salvar os muitos seres." A China na dinastia T'ang sendo a era de ouro do Zen, e essas respostas sendo a versão Mahayana das três resoluções gerais do budismo clássico, o governador respondeu: "Qualquer criança de três anos sabe disso." O mestre respondeu: "Mas um homem de setenta anos ainda pode achar difícil praticá-lo totalmente". É bom lembrar que, embora não achemos a prática conveniente, também podemos descobrir que ela é vital.

13. A PAPAGAIA CORAJOSA: SER PEQUENO EM UM MUNDO IMENSO E PROBLEMÁTICO

ADAPTAÇÃO FEITA PELO AUTOR; FONTE PÁLI DESCONHECIDA

Uma vez, o Buda foi uma pequena papagaia cinza.

Quando um raio incendeia uma árvore e sua floresta começa a queimar, a papagaiazinha grita um aviso para os outros: "Fogo! Corram para o rio!" Então, ela voa em direção à segurança do rio e à sua outra margem.

Mas, enquanto voa, vê abaixo animais e árvores já presos, rodeados por chamas. E, de repente, percebe uma maneira de salvá-los. Ela voa para o rio. Os animais já amontoados seguramente têm certeza de que nada mais pode ser feito. Cada um oferece uma razão válida para permanecer onde está e não fazer mais esforços. Mas a papagaia diz que descobriu um caminho; então, eles devem tentar.

Ela molha suas penas no rio, enche um copo feito de folhas com água e voa de volta sobre a floresta em chamas. Ela voa para a frente e para trás carregando gotas de água. Suas penas ficam carbonizadas, suas garras racham, seus olhos queimam, vermelhos como carvão.

Um deus olhando para baixo a vê. Outros deuses riem de sua tolice, mas esse deus se transforma em uma grande águia, voa e diz a ela que, como não há esperança, ela deve voltar. Ela não escuta, e continua trazendo gotas de água. Vendo sua bravura abnegada, o deus fica devastado e começa a chorar. Suas lágrimas apagam o fogo e curam todos os animais, plantas e árvores. Caindo sobre a papagaiazinha, as lágrimas fazem com que suas penas carbonizadas voltem a crescer vermelhas como o fogo, azuis como um rio, verdes como uma floresta, amarelas como a luz do sol.

Ela, agora, é um lindo pássaro.

A papagaia voa feliz sobre a floresta curada que ela salvou.

Conduza, ave bondosa! Eles sempre fizeram: pergunte às eras. O que o pássaro fez ontem, o homem pode fazer no ano que vem, seja voar, seja mudar as penas, seja chocar, seja a harmonia no ninho.
— James Joyce, Finnegan's Wake

O Jataka da Papagaia Corajosa incorpora o voto central do Bodhisattva do Budismo Mahayana — salvar, isto é, libertar todos os seres do sofrimento. Como budistas Mahayana, prometemos libertar todos os seres que sofrem na escravidão causada pela ignorância da Natureza Verdadeira. Também prometemos libertar os seres da escravidão que nós mesmos impomos a eles por nossa própria desatenção e ignorância —, o que também significa que prometemos libertar rios, montanhas, plantas, oceanos, animais e outros seres humanos dos efeitos dos sistemas econômicos e sociais exploradores.

Salvar todos os seres é o primeiro dos "Quatro Grandes Votos para Todos" conhecidos por todos os aspirantes a budas e bodhisattvas do passado, do presente e do futuro. Os três votos restantes são atualizações do primeiro: abandonar a nossa ganância, raiva e ignorância habituais; reconhecer tudo o que encontramos como um portal potencial do Dharma que se abre para uma compreensão mais profunda; empreender de todo o coração a tarefa impossível de incorporar totalmente o incrível e altruísta Caminho do Buda. Em outras palavras, para cumprir o Grande Voto de Salvar a Todos, devemos fazer o trabalho difícil — pode-se até dizer *impossível* — de despertar totalmente.

A papagaiazinha deste Jataka está em uma encruzilhada. Ela é capaz de se salvar, mas reconhece que isso não basta.

No início da história, a papagaia está contente com sua vida. Afinal, tem o dom de voar. Ela fica ainda mais feliz no fim, tendo usado seu dom não apenas para o seu próprio bem, mas para libertar os outros. Seu próprio grande voto se tornou muito mais real.

A ganância, o ódio e a ignorância surgem em nossas mentes e, se construirmos um eu sobre eles, estaremos presos. Mas se não fizermos ali um nosso ninho, então, embora os pensamentos egocêntricos surjam, eles também seguem como o vento que sacode os galhos e vai embora. Não lutamos contra eles; não tentamos impedi-los. Respiramos neles, prestamos atenção à nossa prática no meio deles e, assim, os vemos surgir e desaparecer. Aceitamos a nossa impermanência de forma aberta, direta e livre.

À medida que nos tornamos mais livres da nossa própria estagnação, libertamos os outros daquilo que nós mesmos não projetamos mais neles. Nos libertarmos *de nós mesmos* é libertar os outros *de nós mesmos*, do fardo de ter que suportar as nossas necessidades, os nossos desejos e as nossas expectativas. Libertar os outros é diminuir o nosso fascínio pela experiência do egoísmo isolado. Aquilo que está ao nosso redor entra em nós e, como diz Dogen, nos confirma intimamente. Os dois andam de mãos dadas. Nosso trabalho, o trabalho de praticar a realização, está aqui.

Esta prática pode e deve ser realizada onde estamos, como estamos; caso contrário, nosso voto permanece apenas como um ideal distante. Este voto não é uma formalidade, não é simplesmente algo que recitamos após períodos de zazen. Cada dia fazemos o melhor possível para mergulhar no rio e voar de volta com algumas gotas de água para o nosso mundo em chamas. A cada dia, praticamos a realização deste momento e nos engajamos neste momento de prática que nunca vai se repetir.

O texto do Jataka da Papagaia Corajosa permanece fugaz. Ele existe como algumas linhas de verso no breve "Jatakastava" — *Versos em louvor das vidas anteriores do Buda* —, um texto curto cita-cantonês de pouco antes do ano 1000 da Era Comum (EC). Embora essa história fale de uma perdiz que, por compaixão por todos, heroicamente obtém água para extinguir uma conflagração, ela é vista como uma variante da Papagaia Jataka. A história completa não aparece no Jataka em páli ou no Jatakamala em sânscrito, embora o Jataka número 35 na Coleção Páli de 547 também seja visto como uma variante, pois conta sobre uma pequena codorna que interrompe um incêndio florestal com um ato de verdade. Parece também existir um original na forma de escultura no monumento budista no Templo de Borobudur, na Ilha de Java, na Indonésia, bem como em uma pintura nas Cavernas de Ajanta, em Maharashtra, na Índia.

Seja como texto ou como arte visual, o fim daquela história em que todos são salvos e a floresta é restaurada é diferente da nossa sinopse acima: o deus, movido pelo heroísmo da papagaia, não desata a chorar. Em vez disso, ele aperta uma nuvem que faz cair a chuva. Criei a versão das lágrimas do deus quando comecei a contar essa história, não muito depois de ler o original. As cores das penas da papagaia vieram mais tarde também.

A essência é que as ações nos tornam quem nós somos. A verdade é maior do que o fato. O mito revela aquilo que nunca foi, mas que sempre é. Enquanto o fato narra o que acontece em um tempo, em um lugar, o mito idealmente revela o arquétipo — o que acontece em todos os tempos, em todos os lugares. Os literalistas que se apegam aos fatos ainda podem criar uma história truncada e, portanto, falsa.

As histórias devem encontrar sua relevância para cada geração, ou elas murcham e desaparecem. Escolhi tornar o papagaio fêmea. O feminino está despertando. Como grande parte da tradição budista clássica preservada, os Jataka são frequentemente, embora não exclusivamente, patriarcais. É verdade que existem mulheres sábias, freiras iluminadas e esposas e rainhas verdadeiras, mas raramente, ou nunca, o Buda aparece como mulher. Talvez as formas monásticas tenham levado à supressão de uma verdade maior. Nos contos Jataka, o Buda poderia ser um corvo, um cachorro vira-lata ou um macaco, mas *nunca* uma mulher? Achei isso um pouco difícil de aceitar.

Uma última modificação pessoal: adicionei outros animais. Eles entraram na história quando escrevi uma versão para crianças. Gostei dos animais e eles gostaram da história; então, ficaram. O papagaio não é o animal mais rápido, mais gentil ou mais poderoso — mas a "corrida" nem sempre é para o mais rápido. O dom de voar da papagaia tem consequências imprevistas. Do alto, ela ganha uma visão abrangente. Olhando para baixo, pode ver como as coisas realmente estão ruins na floresta que é a casa dela. A visão expandida é a dádiva do voo, para além das viagens rápidas. A papagaia vê o quadro geral, tem *visão*. Aquela primeira foto icônica da Terra vista do espaço mudou a todos nós. De repente, éramos todos pequenas papagaias. Não podemos subestimar esse presente.

Cada um de nós também tem um presente original. O mestre Zen Hakuin escreve em sua *Canção em louvor do zazen*: "Desde o início, todos os seres são Buda". "Desde o início" significa que é nosso desde o início. Não é algo que vamos ganhar, nem algo que vamos nos tornar, nem algo que vamos perder. Mas o que é, de fato? E por que não *o* conhecemos?

Podemos conhecer a vergonha, a culpa, o medo e a inadequação. Podemos ser apanhados por um ego inflado e excessivamente confiante ou por um ego defensivo, excessivamente autocrítico. Afinal, eles estão conectados. No entanto, qualquer um dos dois pode se tornar a areia perturbadora sob a dura casca da ostra do ego que pode, com o tempo, produzir uma pérola. Por que não sabemos quem ou o que realmente somos? Como podemos ser — exatamente como estamos, presos e limitados como somos — budas? Isso funciona em nós sem cessar, sem pausa e essencialmente, se aceitarmos a prática que incentiva, para o nosso benefício. É também um presente.

Desde o início, a pequena papagaia foi um pássaro feliz. O que podemos fazer para ser pássaros felizes? Devemos ignorar as dificuldades, fechar os olhos para as tristezas da vida e usar óculos cor-de-rosa? Devemos aceitar o que quer que aconteça e chamá-lo de *kismet* ou destino? A papagaiazinha não pensa assim. Ela cheira a fumaça e responde gritando: "Fogo! Fogo! Corram para o rio!" Batendo as asas, ela voa para longe.

"Muito bem, muito bem!" dizem os velhos professores. Se você puder se livrar do perigo, faça o que for preciso para se libertar. Não fique aí se lamentando por causa do seu estado de tristeza, ensaiando versões "e se eu tivesse feito outra coisa, e se tal coisa fosse diferente". E vamos aceitar também que estar presente em algumas situações significará: "Siga em frente! Saia disso!". O Buda faz isso no Jataka da Codorna Sábia quando disputas colocam seu bando em risco. Estar desperto em nossas vidas e em nossa prática significa "reagir!".

No koan número quatorze do *Blue Cliff Record*, um monge pergunta: "Qual é o ensinamento que Shakyamuni pregou ao longo de sua vida?". Yün-men responde: "Um ensinamento como resposta!". É isso! A chave, é claro, está em de onde vem a resposta. Uma resposta autocentrada não basta.

Kapleau Roshi costumava dizer que ser budista não significa agir como o Buda, imitando o cara do altar com um meio sorriso nos lábios. Se você estiver em uma festa sentado em um canto com as pernas cruzadas, usando uma auréola, parecendo sábio e gentil, Roshi pode dizer: "Levante-se e dance! Experimente os salgadinhos. Fale com as pessoas." Em suma, responda ao tempo, ao lugar e à circunstância. Quando coisas tristes acontecem, nós vamos chorar. Quando coisas alegres acontecem, nós vamos rir. Quando coisas irritantes acontecem, podemos até ficar com raiva. "Abnegação" não significa nos tornarmos zumbis ou sermos levados por todo e qualquer vento. A prática do Dharma de liberar ou ver além do egocentrismo leva a uma vida presente mais centrada e mais plena.

A prática de contar esta respiração, experimentar esta respiração e desviar a atenção da nossa narrativa interna compulsiva permite que o *vroom* do carro que passa, o *grasnar* do corvo, a dor no nosso joelho e o azul do céu digam tudo.

O mestre Zen Dogen ensina que, para alcançar o nosso potencial, não há necessidade de nos esforçarmos para nos tornarmos um só com as dez mil coisas. Em vez disso, saindo do Caminho, deixamos que as dez mil coisas sejam nós, nos confirmem, tomem seu lugar de direito *como* nós, iluminando-nos com intimidade. Mestre Dogen acrescenta que empurrar o eu para frente para se tornar um com as dez mil coisas é algo chamado delusão. Quando as dez mil coisas entram na confirmação do eu, isso é chamado de realização ou iluminação. Não recebemos algo chamado "iluminação"; em vez disso, liberamos momentaneamente o autocentramento para reencontrar a nossa intimidade original com insetos, nuvens, pessoas, carros, lixo, corvos.

A compaixão que surge da intimidade não é sentimento; é ação. Samantabhadra, o Bodhisattva da Atividade Altruísta, monta um poderoso elefante e nada pode impedir a sua atividade compassiva. Em última análise, é a nossa natureza sermos papagaiazinhas corajosas. É da nossa natureza ver as possibilidades e agir de acordo com elas. Não são as coisas que tentamos e nas quais falhamos que, mais tarde, nos atormentam, mas as coisas que poderíamos ter feito e não fizemos. Poemas que não escrevemos, pinturas que não pintamos, palavras amorosas não ditas, viagens não realizadas, o zazen adiado, laços não amarrados, atos gentis não realizados — são essas coisas que perturbam o nosso sono.

Por meio da prática diária descobrimos que o eu habitual não é mais uma coisa monolítica. Nosso caminho não é obter novas crenças budistas, mas ver mais profundamente a natureza daquilo que já somos. Não somos salvos tornando-nos mais "budistas" ou ganhando uma identidade melhor. Não nos livramos de nós mesmos, mas, ao nos soltarmos e nos perdermos, nos encontramos como se fosse a primeira vez. Quaisquer que sejam os marcos que alcançamos, há outros por vir — se continuarmos.

A papagaiazinha corajosa mostra o caminho. Por meio do trabalho anterior, ela ganhou asas carmicamente conquistadas com dificuldade e pode voar para um lugar seguro. Ela poderia descansar na outra margem e estar segura — mas e os outros? O que dizer dos animais e árvores já cercados pelas chamas? Quando o Buda em uma vida passada era o cervo baniano, o pensamento "E os outros?" o impediu de reivindicar a sua própria liberdade. Ele foi testado repetidas vezes. "Ir embora? Não posso ir até que o outro rebanho esteja livre, até que todos os animais estejam livres, até que todos os pássaros e peixes também estejam seguros. Só então posso ser livre." No Jataka da Tigresa Faminta, o Bodhisattva, como um príncipe, poderia ter apenas passado pela tigresa faminta e seus filhotes e seguido o seu caminho, só que ele não fez isso. Quando era uma lebre, o Bodhisattva viu um mendigo faminto e, em resposta a um pedido de comida, saltou para o fogo. Ele não conseguia seguir em frente sem fazer nada.

Quando foi a papagaiazinha corajosa, o Bodhisattva também não poderia voar para um lugar onde ela mesma estaria segura. Embora seja apenas um pássaro, ela vê uma maneira de ajudar. Seng-ts'an, em *Verses on the faith mind* (Versos sobre a mente de fé), diz: "Quando deixamos de lado o escolher e selecionar, o Caminho permanece claro e sem disfarces". Não há mais espaço para a papagaia escolher e selecionar. Tudo foi levado: casa, segurança, amigos, árvores, ar. Tudo é fumaça e fogo. E então, quando tudo se foi, ela *vê*.

O que a papagaia vê que torna o Caminho claro e indisfarçável? Do alto, vê como tudo está conectado; árvores, rio, montanhas. Do alto, enxerga longe. Mas ela vê além disso. Ela vê intimamente e conhece a floresta como a si mesma. Essa não visão é transformadora: quando a mente de bodhisattva é despertada, ver é fazer. O antigo grão de "eu e meu", que permanece como um véu entre o que vemos e que fazemos, "foi embora, foi embora, foi embora completamente", como diz o *Sutra do Coração da Perfeita Sabedoria*.

Onde estamos é onde começamos a prática. Onde estamos é onde nos concentramos no momento. "Atravessar o rio" se resume ao nosso trabalho de agora — simples, mas difícil de fazer. A atenção se desvia. E lá vamos nós com ela, flutuando para longe deste momento profundamente presente.

A papagaiazinha permanece firme. Tendo tocado a outra margem, ela monta um novo cenário vívido. Fazendo uso brilhante e espontâneo de suas circunstâncias — asas, fogo, rio —, ela forma novamente a história do voto do bodhisattva, uma história contada em ações, não em palavras. Esse voto no qual ela, a Bodhisattva, tem trabalhado por muitas vidas é a realidade mais profunda de sua mente. É a realidade de todas as mentes. O grande voto de salvar muitos seres pode ser trabalhado e personificado precisamente porque já é quem somos.

Esse é o paradoxo que Dogen questionava: por que todos os sábios do passado tiveram que trabalhar tanto para realizar a iluminação se a natureza de Buda já é quem nós somos? Ele lutou indefinidamente até que a consciência autoconsciente do corpo e da mente se dissipou. Em função da natureza iluminada, em função da mente do voto primordial, nós também podemos trabalhar na compreensão da natureza iluminada e experimentar a mente do voto inato. Esse voto carrega a papagaia em asas imensas sobre as chamas de seu mundo que arde. Isso nos leva adiante em nossa prática também.

Bodhisattvas não transformam esse escapar das chamas deste mundo no objetivo de sua prática. Eles vivem no meio do rio, voando diariamente sobre a floresta em chamas, mergulhando nas águas frias da vacuidade. Eles não desistem e não se acomodam, dizendo: "Isso é o suficiente. Vou construir meu ninho confortável aqui." Eles continuam trazendo o que podem — um pouco de talento, um pouco de discernimento, um pouco de água, por menos que seja e por mais minúsculas que sejam as gotas. No entanto, como cada uma brilha! Lá está! Fria e refrescante! Então *pshhhh*, e uma gota se foi.

No entanto, como afirma essa história antiga, se continuarmos, se seguirmos voando, se seguirmos praticando, podem acontecer coisas que a lógica não consegue prever. Afinal, quem é o Bodhisattva? A história apenas reconta uma antiga façanha da rota pessoal de Shakyamuni para o estado de Buda? Olhe outra vez. A beleza do Zen reside nesta questão: *Quem?*

Nosso mundo está queimando. Árvores, animais, ecossistemas e redes de segurança social estão sendo engolidos todos os dias. As causas são exatamente como Buda disse há 2600 anos — a ganância, a raiva e a ignorância da nossa própria natureza. A nossa prática não é inspecionar o nosso umbigo, simplesmente tentar acalmar a nossa angústia. Papagaios corajosos, se vocês amam a sua floresta, batam as suas asas, encontrem um caminho para o rio, e não desistam: quando as fichas estão na mesa e a última mão foi jogada, às vezes o inexplicável acontece. Um deus desce, nuvens explodem, lágrimas caem e, de repente, está tudo bem. Por um momento, nos tornamos o que somos e sempre fomos.

E então podemos realmente começar a trabalhar.

14. Codornas em disputa: brigas e raiva no caminho

Sammodamana Jataka, nº 33

Há muito tempo, o Bodhisattva era uma codorna e líder de um grande bando. Um caçador aprende a imitar o canto dos pássaros e começa a prendê-los. A codorna Bodhisattva, percebendo que alguns de seus pássaros estão faltando, logo entende o que está acontecendo, reúne sua comunidade e avisa a todos sobre o caçador. Ela os instrui que, caso se vejam presos, coloquem a cabeça para fora da rede e, batendo as asas em uníssono, trabalhem juntos e voem para longe.

"Deixando a rede enrolada em um arbusto, vocês podem se abaixar e voar rumo à liberdade. Trabalhar juntos nos mantém livres", afirma ela. Seu conselho funciona — por um tempo. Então, os pássaros começam a brigar. O Bodhisattva percebe, convoca outra reunião, e diz que eles devem ir mais fundo na floresta, onde podem praticar suas habilidades em segurança até que acertem.

Alguns pássaros dizem: "Não há necessidade. Você nos ensinou o que devemos fazer."

Outros dizem que não irão, pois "Este é o lugar onde sempre vivemos".

Outros acrescentam: "Estamos confortáveis aqui".

O Bodhisattva reúne aqueles que desejam ir mais longe e voa com eles mais fundo na floresta. Quando a rede do caçador cai sobre aqueles que ficaram, eles começam a discutir sobre quem deveria liderar a fuga em vez de trabalharem juntos. Enquanto discutem, o caçador os leva embora.

Os pássaros que acompanharam o Bodhisattva continuam trabalhando em suas habilidades. Quando surgem discussões, elas terminam rapidamente. Trabalhando juntos, eles ficam livres.

> *Se você discute sobre o certo e o errado,*
> *você é uma pessoa de certo e errado.*
> — Mestre Zen Wu-men

Podemos vencer uma batalha verbal, mas, ainda assim, perder algo. No entanto, há ocasiões em que devemos trabalhar para defender os pontos de vista corretos e benéficos e ver os errados — egoístas, estreitos e destrutivos — expostos e expulsos. Tudo, desde contos de fada a *thrillers* impactantes, explora a nossa esperança de concretizar esse arquétipo. Os mocinhos vencem! Em *O Senhor dos Anéis*, Mordor desmorona! A Estrela da Morte de *Star Wars* é destruída!

Parece ser universal o desejo de ver o mundo purificado, onde todas as coisas ficam claramente identificadas pelo que são e como são. Infelizmente, isso não acontece muito fora de histórias fictícias.

Na prática Zen, ocorrem momentos marcantes quando enxergamos tudo com tanta clareza que não podemos deixar de rir em voz alta. Nessas ocasiões, o Caminho "permanece claro e sem disfarces", como dizem os *Verses on the faith mind* (Versos sobre a mente de fé). Não há discussão, não há como discutir. O que é claro, é claro. Não há dúvida!

Mesmo assim, nossa vida normal costuma ser cheia de dúvidas, confusão, falta de comunicação e divergências. Isso leva a discussões que têm ao centro expressões como "Estou certo!", "Não! Eu estou certo!". As brigas não são simplesmente uma perda de tempo. O poeta israelense Yehuda Amichai diz (conforme traduzido para o inglês, por Stephen Mitchell e Chana Bloch): "Do lugar onde estamos certos / flores nunca crescerão / na primavera".

Pode, de fato, haver uma perspectiva certa e um resultado certo, mas a *discussão* pode não ser o caminho para nos levar até lá. Na verdade, a discussão pode ter o ponto de vista correto e sufocá-lo, despedaçá-lo ou destruí-lo. O poder da discussão é intenso, como uma ressaca ou uma maré cheia. Em um minuto, estamos nadando para a costa; no próximo, lutando por nossas vidas contra uma corrente que nos arrasta para o mar.

Quando caem redes emaranhadas, sacam-se armas e voam palavras afiadas, não adianta colocar um sorriso de Buda, agarrar-se a uma auréola ou tentar lembrar aquele artigo sobre meditação que acabamos de ler. Uma auréola e um meio sorriso podem ser armas usadas para manter o nosso senso de superioridade. A prática da Sangha nos fortalece ao retirar esses apoios. Tomamos refúgio nas Três Joias — Buda, Dharma, Sangha. O apoio invisível que experimentamos nas sessões prolongadas de *sesshin* ou retiro de vários dias é um exemplo do poder da Sangha. Mesmo o zazen diário de duas ou três rodadas se torna mais simples quando unimos a nossa prática a outras pessoas. Juntos, realizamos o que ninguém sozinho jamais conseguiria.

E, no entanto, dados os horários normais de família e trabalho, sentar-se sozinho será uma expressão habitual do nosso caminho. Não se preocupe: o zazen solitário é uma boa maneira de descobrir os nossos pontos fortes e incorporar aspirações pessoais. Um dos nossos desafios como praticantes leigos é encontrar um equilíbrio saudável entre a prática individual e a prática comunitária.

Também podemos saber por experiência própria que, quando a vida em comunidade dá errado, pode ser pior do que um pesadelo de solidão. O potencial para a comunidade, para a Sangha, está no cerne de cada grupo. Quando falha, há um cheiro de podre no ar. O que sentimos é a decadência do que poderia ter sido, a vida perdida da comunidade de natimortos que deveria ter se formado, mas não aconteceu. Alguns grupos, assim como alguns relacionamentos, são tóxicos e, então, a nossa melhor resposta pode ser ir embora.

Então, sentar-se em zazen por conta própria pode ser como um vislumbre do céu. Ainda assim, somos seres sociais e a maioria de nós sentirá falta da companhia. Então, voltamos a entrar no fluxo da vida, em busca de uma comunidade real, não apenas de outro grupo.

No Jataka da codorna, a prática da Sangha é central, e o trabalho conjunto em harmonia é crucial — e isso não é simplesmente algo idealista. Como mostra a história, a vida em grupo também significa conflito potencial, e o conflito nos torna vulneráveis. Quando a harmonia se perde, corremos perigo.

No entanto, a solução também não é dissimular diferenças para ter "paz". Acabamos tendo panelinhas, facções, sussurros, confusões e agitações periódicas. Pior, uma discussão sem sentido significa a reafirmação do egoísmo, exatamente aquilo que pretendemos compreender claramente e do que pretendemos nos livrar, pelo menos em alguma medida, com a prática contínua da meditação. Uma vez que a discussão começa, a mente da atenção se perde. O boi quebra seu cabresto e foge para lugares dolorosamente familiares. Isso pode ser a destruição da joia da Sangha. Ao nos perdermos para a raiva e a obstinação, podemos perder algo que nos é caro, bem como algo que almejamos realizar. No entanto, esses momentos podem parecer inevitáveis. Se não conseguimos evitar, então o mais sábio pode ser recuarmos e nos retirarmos por um tempo.

Não é suficiente sentar e meditar e experimentar a calma, o silêncio e a paz — por melhores que sejam essas coisas (e são realmente muito boas). Sem elas, o caos, a violência e a ansiedade reinam facilmente. Mas devemos nos levantar, sair do zendo e *efetivar* o Caminho em nossa vida, não apenas falar sobre ele, não apenas transformar a sala de meditação em um lugar para se esconder de um mundo louco e enlouquecido.

Nós *somos* o Caminho. Ele não está fora de nós. Não é algo para onde correr ou nos agarrar, apontar ou fazer proselitismo.

Portanto, se *somos* o Caminho, como reagimos quando visões alternativas se chocam com as nossas? O que significa não violência, então? Dizer: "É tudo uma coisa só" e deixar para lá, não vai adiantar. Isso pode funcionar em uma disputa doméstica na qual já existe uma base de amor, respeito e confiança que está apenas temporariamente oculta. Logo depois, alguma versão de "Estamos ambos errados; vamos parar" pode ajudar a nos realinhar.

Mas e quando a discussão for sobre mudança climática, igualdade de gênero, resgates milionários a Wall Street, saúde, paralisação do governo, controle de armas, evolução, fraudes eleitorais, reforma da imigração ou assuntos ligados ao Oriente Médio?

Jonathan Swift ficou indignado com a nossa tendência a aceitar nossas crenças preferidas como um evangelho e estar disposto a matar aqueles que não as compartilham. A raiva de Swift era uma divindade colérica do Dharma, não pessoal ou mesquinha, e ele mostrou isso claramente em sua produção escrita. Em um determinado ponto, sua criação, *As viagens de Gulliver*, chega a um lugar onde se travam guerras sobre se é melhor abrir um ovo de gema mole a partir do lado pontudo ou do lado redondo. Cada opinião tem seus adeptos e desenrolam-se guerras sangrentas por causa dessa "verdade" ridícula. Mas a indignação justa não é desculpa para um sentimento de superioridade moral.

Swift deu sermões e escreveu livros. Ele não atacou fisicamente aqueles que quebravam as cascas dos ovos de maneira diferente dele. Com que rapidez o nosso sangue ferve? E por quê? Devemos descobrir. No entanto, há lugares em que devemos nos posicionar e dizer não ou sim e ser sinceros — e isso pode não implicar em uma *discussão*. Gandhi não discutiu com os britânicos. Ele lutou sem violência contra eles. O Gueto de Varsóvia se levantou contra os nazistas e lutou bravamente até o fim com armas contrabandeadas. Não havia como sair ou discutir uma saída. Não houve uma discussão.

Harada Roshi, monge Soto Zen japonês do século XX cujo trabalho com o koan Rinzai se tornou a base para grande parte da prática contemporânea do koan no Ocidente, admitiu que, se não fosse por sua prática Zen, com seu temperamento quente, ele poderia ter matado alguém. Mas, atrelado à *boddhichitta* e a um desejo de conhecer e incorporar o Caminho para o bem de todos, seu temperamento tornou-se combustível para o fogo do Dharma. Ele o usou em vez de ser usado por ele. Neste conto, o Bodhisattva viu o que estava acontecendo, realizou reuniões para apresentar sua opinião e apontou as consequências. Ele pediu apoio e reconhecimento da verdade. Quando isso não aconteceu, viu o que precisava ser feito e fez.

 Quando as coisas não estão bem e não podem ser consertadas, talvez a coisa mais sábia seja fazer as malas e partir. Em vez de lutar, abandonar o campo de batalha pode ser mais benéfico. Certa vez, o Buda, cansado de alguma disputa rancorosa na Sangha, retirou-se para a floresta para praticar sozinho. Ele estava farto daquilo. Esse foi também o seu ensinamento para aquela situação. "Continue com a sua prática", é o que ele estava dizendo. "O tempo não espera por ninguém."

 Como vemos em outros Jataka, o Bodhisattva tinha discernimento. Ele não considerou o abandono como sua resposta única para os dilemas da vida. Na maioria das vezes, a perseverança do correto pelo correto era o seu modo preferido. O Buda era da casta dos guerreiros. Em muitos Jataka, o espírito de entrincheirar-se e se segurar ou de seguir em frente contra os ventos era o modo como ele personificava sua aspiração de salvar todos os seres. Nesse Jataka, ele também é sábio o suficiente para reconhecer que o esforço infrutífero leva à perda de energia, integridade e propósito — bem como, potencialmente, da vida; então, ele segue em frente.

 Essas experiências podem ser difíceis e dolorosas. E elas podem estar absolutamente corretas, uma maneira de cumprir os preceitos e incorporar o Caminho. Se essa hora chegar, não há necessidade de discutir. Arrumamos as nossas malas e partimos. Não é este o ponto central do zazen? Abandonamos o fluxo do pensamento autocentrado habitual. Abandonamos a ilusão central do eu "aqui" e os outros "lá fora". Abandonamos tudo!

 Esse Jataka não é apenas um incentivo para futuros pontos de prática. Ele incorpora o cumprimento/a realização do "agora mesmo". No zazen, nós largamos "agora mesmo" o egocentrismo e deixamos nossos velhos acúmulos de ideias, nossos pensamentos desgastados, esperanças e sonhos empoeirados e soltamos tudo isso. Isso é voar mais longe na floresta selvagem sempre acessível a nós, para além do emaranhado da discussão. Está aqui, agora, aberto para nós com cada respiração, cada rodada de zazen, cada retiro. A discussão pode parar; o diálogo interior que se acreditava ser tão verdadeiro e antigo pode ser interrompido. Podemos nos livrar da caixa do crânio, das redes de *sim* e *não*, de *certo* e *errado*. Então o que resta? O que temos deixado de enxergar enquanto discutimos, dia após dia? Dê um passo à frente e diga uma palavra verdadeira! O sol está nascendo, brilhando nas folhas verdes! Parece ser um bom lugar. Vamos estabelecer o nosso bando aqui.

A tradição diz que o conto Jataka da codorna foi contado pelo Buda no Bosque Banyan, perto de Kapilavastu, sua cidade natal. Ele contou a história aos nobres de seu próprio clã Shakya ao saber que um pequeno desentendimento sobre o protetor de cabeça de um carregador havia levado não apenas a discussões, mas a uma possibilidade muito real de guerra.

Este breve Jataka foi, então, um conto de advertência narrado pelo Buda para o bem de sua própria família. Seu objetivo era salvar vidas.

Talvez, da próxima vez que surgir uma discussão, este conto possa ajudar a salvar a nossa vida também.

15. O ladrão Bodhisattva: o que é certo, o que é errado?

Satapatta Jataka, nº 279

Há muito tempo, o Bodhisattva era o líder de uma gangue de ladrões. Um homem que havia emprestado dinheiro a um aldeão distante morre. Sua esposa, também em processo de morte, diz ao filho para receber o dinheiro que lhes é devido. O menino vai embora e faz o que a mãe pediu e, depois, vai de volta para casa. Enquanto isso, o Bodhisattva e sua gangue de ladrões estão à espreita ao longo de uma estrada, na floresta, procurando viajantes para roubar.

Quando o menino entra na floresta e começa a caminhar pela estrada, um chacal rosnador aparece e bloqueia seu caminho, como se quisesse impedi-lo de ir mais longe. "Um chacal irado!", ele pensa e, juntando pedras para jogar, afasta-o. O menino segue em frente.

Uma garça-azul, voando logo acima e vendo o menino, grasna bem alto. "Um bom sinal!", pensa o menino, e, olhando para cima, agradece ao pássaro. Então, os ladrões saltam do esconderijo e o apanham.

O Bodhisattva pergunta: "Você carrega o dinheiro do pagamento de empréstimo?".

"Como você sabe?", gagueja o menino.

"Os seus pais estavam doentes?", pergunta o Bodhisattva.

"Sim. Meu pai morreu e minha mãe está muito doente. Estou correndo para casa para vê-la agora."

O Bodhisattva diz: "Entendo a linguagem dos pássaros e dos animais. Sua mãe já morreu. Ela era aquele chacalzinho tentando impedi-lo de ir adiante e avisando que havia ladrões escondidos bem à frente. Essa garça-azul não era um amigo e não estava te desejando coisas boas. Na verdade, estava anunciando que você carregava o dinheiro de um pagamento de empréstimo e, portanto, estava pronto para ser roubado. Deve ter sido seu inimigo em alguma vida passada. Vá para casa e faça uma cerimônia para os seus pais. Não faça suposições. Preste mais atenção no futuro. Você entendeu tudo errado."

Embora seus homens protestassem, ele deixou o menino e o dinheiro irem embora.

> *E agora vou contar como aconteceu a primeira vez em que Robin Hood teve problemas com a lei;*
> *— Howard Pyle*

Nesse Jataka, o Bodhisattva é um ladrão. Em outro Jataka (número 265, na coleção em páli), ele luta contra ladrões e os expulsa. O Jataka conta sobre um comerciante com uma caravana de quinhentas carroças que contrata o Bodhisattva, então um silvícola, para guiá-los por uma floresta. No meio do caminho, quinhentos ladrões atacam e os homens da caravana se jogam no chão, aterrorizados —, menos o Bodhisattva. Gritando, saltando e desferindo golpes a torto e a direito, ele faz com que todos os quinhentos ladrões fujam e, em seguida, conduz a caravana para um local seguro. Uma vez em segurança na floresta, o comerciante pergunta: "Qual é o seu segredo? Enquanto todos foram dominados, você enfrentou sozinho os agressores e os expulsou. Seria bom saber esse segredo."

O Bodhisattva diz: "Não tenho segredo. Eu tinha um trabalho a fazer. Como prometi protegê-lo, resolvi manter minha palavra. Não me apeguei à vida, mas a usei para cumprir o meu propósito."

Nessa história, seu ensinamento é claro: esqueça-se de si mesmo e muita coisa pode ser realizada, fique preso a um senso habitual de quem e do que você é e limite o seu potencial. Às vezes, o Zen usa essa imagem de uma pessoa lutando com outras quinhentas como uma metáfora para o vigor e a determinação do zazen ativo; portanto, também tem implicações com a prática da meditação. Em meio a distrações, pensamentos errantes e preocupações egocêntricas que, como ladrões, podem roubar a nossa atenção e nos fazer perder as riquezas desse momento, nosso trabalho é permanecer focado e alerta. Mas vigor e determinação não significam necessariamente tensão ou pressão. Consciência não requer força. Nos primeiros anos de prática, isso pode parecer paradoxal. Ao aprender qualquer habilidade nova — e a consciência é uma habilidade —, no início podemos nos atrapalhar, fracassar ao tentar ir longe demais e forçar demais. Isso faz parte da curva de aprendizado normal. Se persistirmos, com o tempo a nossa prática irá se inserir de bom grado em nossas vidas e ficará satisfeita em sentar-se em silêncio conosco no tatame.

O Jataka do silvícola lembra que, se mudarmos o nosso foco do eu habitual e egocêntrico, mesmo que surjam inúmeros pensamentos, seremos como uma pessoa que enfrenta e lida sozinha com hordas de inimigos. Coragem, sabedoria e compaixão se condensam para originar uma bebida interessante. Liberando o nosso controle mortal sobre o egocentrismo, tudo o que encontramos passa a ter riqueza e sabor.

No Jataka em que o Bodhisattva é o ladrão, uma mulher morre e imediatamente assume a forma de um pequeno chacal para tentar impedir que o filho entre em perigo. O amor abnegado permite que a mãe faça o que parece impossível.

Há um Jataka em que o Bodhisattva é um cavalo a serviço de um rei. O reino é invadido, e o cavalo vai para a guerra. Por seis vezes, ele rompe as fileiras inimigas, capturando seis reis. No último encontro, ele é ferido gravemente. Quando eles removem sua armadura para colocá-la em uma nova montaria, o cavalo Bodhisattva diz: "Deixe a armadura. Estou determinado. Nenhum outro cavalo pode fazer o que eu pretendo fazer, que é acabar com esta guerra." E ele vai embora, captura o último rei, retorna — e morre.

Ele deu sua vida, para além da preocupação consigo mesmo. Há registro de que cães, cavalos, elefantes, golfinhos, chimpanzés e até gatos fizeram coisas que certamente parecem ser corajosas e altruístas. No entanto, quantos de nós temermos que, quando chegar a nossa hora de redobrar nossos esforços, possamos congelar e acabar rastejando como os homens do mercador? Os jovens podem sofrer profundamente com essa dúvida e assumir uma postura ousada ou correr riscos absurdos para escondê-la. No entanto, eles ainda podem se perguntar: "Se isso ou aquilo acontecesse, será que eu seria forte ou corajoso o suficiente para fazer a coisa certa?". E eles podem se lançar em perigo de uma forma imprudente para descobrir a resposta ou para enterrar o medo.

Esquecendo-se de si mesmo, pintam-se pinturas, escrevem-se poemas, fazem-se peças de teatro, ajudam-se os vizinhos, e deixam-se as dez mil coisas entrar e nos confirmar. O cerne, não apenas da nossa prática, mas de nossas vidas, reside em liberar o apego ao conceito de uma "individualidade" interna separada. Se sairmos do caminho, esquecermos de nós mesmos ao ver este eu tão claramente ao ponto de ele se tornar poroso e deixarmos que as dez mil coisas nos afirmem, percebemos a familiaridade — outro nome para iluminação.

Blake chamou nosso apego habitual ao conceito de uma individualidade interior separada de "o limite da opacidade" e chamou a isso de forma impressionante, travessa e talvez precisa de "Satanás". "Verdadeiramente, meu Satã", escreveu ele, "você é um idiota". Para Blake, Satanás é a nossa tendência idiota de *não* enxergar além do egocentrismo. Emaranhados em pensamentos sobre nós mesmos, somos incapazes de realizar o nosso potencial mais profundo e a nossa natureza mais altruísta. No entanto, os melhores momentos de nossas vidas raramente são aqueles em que estamos presos à preocupação com a gente mesmo. Em vez disso, os melhores tendem a ser aqueles momentos em que nos esquecemos de nós mesmos, e entram em cena as estrelas, uma criança, um rio ou o canto dos pássaros. Ainda assim, a preocupação consigo mesmo é um hábito ao qual voltamos continuamente, como viciados. E então devemos escolher praticar repetidamente, entrando neste momento como ele é, comum, insondável, um momento que nunca mais vai se repetir.

Pensando que o surgimento do pensamento e do sentimento é um "eu" permanente, ficamos isolados, divididos e com medo. No entanto, isolados como estamos, as estrelas ainda brilham, a lua ainda nada no céu noturno e um sol dourado ainda nasce sobre colinas verdes. Para quem essas maravilhas acontecem? Muitas vezes, não apenas deixamos de vê-las e apreciá-las, mas também deixamos de compreender que nós mesmos somos as estrelas, a lua, as nuvens, o sol, as colinas exatamente como são. Nada é separado, ainda que, ao mesmo tempo, cada um é totalmente ele mesmo. Sofremos por causa do erro e da falta de aplicação.

Perdidos em um sonho de uma floresta escura e assaltados por ladrões, temos fome de riquezas, fama e poder como baluartes contra o envelhecimento, a morte e a inconsequência de nossas vidas comuns, desconhecidas e muito breves. Nós fazemos todo o possível para nos aliarmos a tudo o que possa oferecer proteção e permanência, não importando a dor que isso possa causar. Esse legado de condicionamento infantil não resolvido nos transforma em seres sonâmbulos, destruindo cegamente oceanos, florestas, rios, o ar e terras férteis.

Nossa tarefa é acordar, mas como adormecemos repetidas vezes, devemos nos recuperar continuamente, escolhendo de forma consciente a prática do despertar vezes sem conta. Essa prática de despertar para o despertar continua indefinidamente. Mesmo a contagem da respiração na meditação não é simplesmente uma prática de contar as respirações. É uma prática de despertar para *esta* respiração, *esta* contagem.

É para isso que estamos aqui. Essa é a nossa tarefa de vida, encontrar o eu que dirige a caravana. A prática do Dharma nos pede que olhemos, que olhemos de fato. Faz sentido. Se quisermos acordar, devemos examinar a raiz do sono. Olhar para isso de forma plena, profunda e íntima significa, em última análise, a compreensão da nossa própria mente, a sua e a minha.

No entanto, mesmo o Buda nem sempre esteve no caminho certo. Temos este pequeno Jataka de uma vida passada estranha, na qual ele é um ladrão. Mesmo assim, ele é o tipo de pessoa que não podemos deixar de gostar — o trapaceiro-como-herói, um tipo Han Solo — que, embora aparentemente se importe apenas consigo mesmo, continua pronto a se arriscar pelos outros e pelo que é certo. É um tipo de personagem com força, liberdade e disposição para assumir riscos e aceitar consequências: em suma, um personagem com energia vital. Rótulos podem enganar. Para o xerife de Nottingham, Robin Hood era um homem muito mau.

A prática budista não pede que nos livremos de nós mesmos ou nos tornemos um outro eu melhor e mais espiritualizado. Em vez disso, somos convidados a perceber o eu que no fundo já somos, exatamente como somos. A questão não é nos liberar para fazermos o que quisermos, quando quisermos. Não é nos tornar um *isso* ou *aquilo* melhor, ou melhor *nisso* ou *naquilo*. O objetivo é nos libertar de nós mesmos, do eu que amamos, do eu que podemos mentir, enganar, roubar e até matar para proteger; do nosso interesse obsessivo, habitual, compulsivo e ansiosamente limitado por nós mesmos, por quem pensamos que somos e pelo que pensamos ou fomos ensinados a pensar que desejamos. Essa prática não é para contemplar nossos umbigos. Trata-se de liberar não apenas umbigos, mas olhos, ouvidos, narizes, línguas, corpos, mentes. Trata-se de perceber a liberdade que foi nossa desde o início. Trata-se de ver as chamadas dez mil coisas como elas são, de forma íntima e verdadeira.

Assim como o jovem do Jataka, sem a clareza da contínua realização da prática podemos ler os sinais de forma totalmente errada. A pessoa que nos diz o que não queremos ouvir se torna um inimigo. A pessoa que nos diz o que nos parece agradável se torna um amigo. No entanto, o dia chuvoso que destrói nosso piquenique pode levar a um bem imprevisto, e o caminho muito fácil e suave pode nos levar à ruína. Como o jovem no Jataka, agitados pelas circunstâncias, nos colocamos em perigo por ignorar quem somos e o que todas as coisas são. Então, fracassamos, sujando nosso ninho, incendiando a casa em que ainda vivemos.

O Bodhisattva como ladrão permanece no Grande Caminho. O carma o trouxe para a sua ocupação como ladrão. Ele parece ser o oposto do que era no Jataka onde arriscou sua vida para proteger os outros *dos* ladrões. Os ladrões violam os preceitos budistas, o segundo dos quais é determinar-se a não pegar o que não lhe for dado, mas sim respeitar as coisas dos outros. Roubar, portanto, estaria fora de questão. Você pensaria que um Bodhisattva saberia disso! No entanto, será que o Bodhisattva é necessariamente menos um Bodhisattva como ladrão e mais um Bodhisattva como protetor contra os ladrões? Para responder, teríamos que saber a sua motivação, o que os tempos e o carma exigiam, como o governo local se comportava, o que a comunidade mais rica fazia. Afinal, geralmente gostamos mais do quebrador de regras com um bom coração do que do pedante metido a santo que pode facilmente se transformar em um agressor.

Corporações roubam terras de agricultores que, protestando para preservar suas casas, são chamados de "ladrões" pela mídia controlada pelas corporações. Qual lado cumpre melhor os preceitos?

Ou o que dizer do primeiro preceito budista: "Decido não matar, mas cuidar de toda a vida"? O que dizer de matar como forma de evitar mais mortes? Matar não por vingança ou punição, mas para proteger os outros e evitar mais danos poderia expressar um ideal elevado e altruísta. E o que pensar de matar um assassino, digamos um Hitler, não apenas para impedi-lo de prejudicar os outros, mas para impedi-lo de assassinar o seu próprio potencial mais profundo e causar a si mesmo um dano cármico ainda maior? Isso também seria um assassinato ou um ato de compaixão?

E aqui está o Bodhisattva, um ladrão em uma vida passada. Diz-se que os professores do Zen são ladrões, pois roubam as nossas crenças há muito acalentadas, nossas verdades duras, nossos tesouros virtuosos e a nossa adesão cega a pontos de vista não examinados. Nossa prática abre portas, destranca janelas e permite que o ladrão da realização entre para nos roubar sem que percebamos. Quando tudo o que pensávamos que éramos se for, o que poderemos encontrar? Como diz a música, "Liberdade é apenas mais uma palavra para a expressão *nada a perder*".

Talvez, como líder de um bando de ladrões, o Bodhisattva estivesse aperfeiçoando suas habilidades, preparando-se para o momento de vidas futuras em que seria o professor de todos os seres, trabalhando para roubar de seus alunos preconceitos profundamente arraigados, ilusórios e limitantes. Ser um ladrão pode acabar sendo uma habilidade útil para ajudar os outros. Ou talvez ele estivesse indo bem, tirando dinheiro daqueles que roubaram de agricultores pobres e comerciantes honestos. Algumas leis são antiéticas. Para ser ético, talvez tenhamos que infringi-las. Um homem rouba um pedaço de pão para alimentar uma criança faminta. Um lutador da resistência rouba de um colaborador nazista para salvar os pilotos aliados. A história não nos dá contextos. As coisas podem não ser exatamente o que um rótulo como o de "ladrão" implica.

Mesmo como ladrão, o Bodhisattva tinha habilidade e poder. Ele podia "entender a linguagem dos animais" — uma espécie de símbolo universal antigo para indicar que alguém tem grande sabedoria. Significa que o egocentrismo caiu a tal ponto que o gato, o pássaro ou a raposa podem ser compreendidos. Isso significa que você é tão íntimo de sua própria natureza que é íntimo de todos. Essa pessoa reside na essência da vida — onde nenhum charlatão ou egomaníaco pode habitar.

Portanto, embora o Bodhisattva possa ser um ladrão, ele também é uma pessoa com sabedoria e compaixão. Ele não pega o dinheiro do menino — nem um centavo! E ele o deixa ir embora, e acaba ouvindo reclamações de seus homens também. Será que um santo poderia fazer melhor? Então, outra vez, talvez ele seja um trapaceiro, mas com um bom carma passado. Ele viu esse jovem, entendeu o que estava acontecendo, ficou comovido, então fez algo que o fez perder dinheiro e fez seus homens resmungarem, mas que, no entanto, parecia ser certo e bom, expressando algo que, talvez, nem ele mesmo pudesse identificar. Sua intensa apreciação de uma ética mais profunda é revelada não pela selvageria de sua vida, mas por sua disposição de conter essa selvageria e deixar de lado o autointeresse inconsciente que em um grau ou outro nos move a todos.

Ninguém está excluído do Caminho. Com todas as nossas deficiências, falhas e escolhas equivocadas do passado, podemos, com a prática do "agora mesmo", trabalhar para incorporar o Caminho, abandonar o egocentrismo e defender os preceitos de nossa natureza mais profunda.

Embora não sejamos tão dotados de consciência como o Bodhisattva ladrão, praticando regularmente nós também podemos começar a ouvir bem, a ver claramente, a decifrar os sinais corretamente e a fazer o que é certo.

Essa é a nossa escolha, o trabalho da nossa vida, a nossa determinação crescente e nosso voto mais profundo.

16. A criança ogra: encontrar o Caminho, não importa quem você seja

Padakusalamanava Jataka, n° 432

Uma rainha mente para o marido sobre um caso que mantém com outro homem, jurando que, se mentisse, poderia se tornar uma yaksha — uma ogra devoradora de gente com um rosto comprido como o de um cavalo. Ela morre e renasce como yaksha. Carregando um belo brâmane para comer em sua caverna, ela se lembra de sua vida humana. Então, em vez de matar o brâmane, ela se casa com ele e os dois vivem juntos como marido e mulher. O Bodhisattva nasce como filho desse casal.

A yaksha mantém seu marido e filho trancados em sua caverna, bloqueados por uma pedra enorme. Quando ainda jovem, o Bodhisattva rola a pedra e diz a sua mãe que ele e seu pai não podem viver na escuridão. Sua mãe ogra começa a temer que ele possa abandoná-la. E, de fato, com o tempo, o Bodhisattva decide ajudar seu pai a retornar ao seu lar humano original. Ele tenta, mas a ogra os apanha. O Bodhisattva, então, pergunta sobre o tamanho da propriedade de sua mãe — a terra que ele um dia herdará. Uma vez que conhece seus limites, ele tenta outra vez, carregando o pai nos ombros (ele é um corredor rápido) até a fronteira do território da mãe com o rio.

Quando eles chegam à metade do rio, sua mãe — que corre ainda mais rápido — chega e implora para que voltem. O pai volta para ela, mas o Bodhisattva se recusa. A mãe, vendo que seu filho está decidido a sair mundo afora, diz que o mundo dos homens é traiçoeiro. E ela lhe dá um presente mágico para ajudá-lo a se sair bem por lá — habilidades de rastreamento que permitirão que ele perceba os passos dos homens até mesmo pelo ar, ou mesmo após passarem-se doze anos desde que os passos foram dados. Então, a yaksha, mãe do Bodhisattva, morre de tristeza.

O Bodhisattva e seu pai realizam os rituais fúnebres da yaksha e, depois, seguem para a cidade onde o Bodhisattva é contratado pelo rei como rastreador. Um ministro insiste que o rei descubra se o menino é tão bom quanto afirma. O ministro e o rei roubam joias do tesouro e, fazendo uma jornada complicada do palácio até o tanque de água da cidade, ali as escondem. O Bodhisattva, comandado pelo rei para encontrar as joias perdidas e revelar os ladrões, segue os passos, mesmo aqueles que aparecem no ar, e encontra as joias. Mas ele afirma que não revelará os ladrões. O rei insiste. O Bodhisattva tenta dissuadir o rei, contando histórias contundentes sobre os danos causados quando coisas — ou pessoas — com quem contamos para nossa proteção nos decepcionam. Tolamente o rei se recusa a entender, insistindo que o Bodhisattva deve revelar os ladrões. Então, o Bodhisattva conta tudo, expondo o rei e o ministro. O povo fica indignado porque seu rei e seu ministro, em quem tanto confiavam, estavam dispostos a criar tal confusão, perturbando vidas desnecessariamente e lançando a cidade no caos. Eles ficam consternados, também, pelo rei ter sido tolo demais para entender a mensagem de harmonia, confiança e decoro do Bodhisattva. Eles, então, expulsam o rei e o ministro como líderes indignos e colocam no trono o Bodhisattva, filho de uma ogra.

> *"Então, as profecias das canções antigas acabaram se tornando verdadeiras, de certo modo", disse Bilbo.*
> *"Claro", disse Gandalf. "E por que não deveriam ser verdadeiras?"*
> — *J.R.R. Tolkien*

Todos os dias ouvimos histórias, contamos histórias para os outros e para nós mesmos. O budismo é uma história, assim como o "eu", ensaiando sua narrativa ao longo dos dias e dos eventos de nossas vidas. Nosso caminho de investigação significa acordar para a natureza do narrador evasivo e, então, fazer o trabalho necessário para mudar a narrativa. "Faça o bem, evite o mal, salve muitos seres" — as chamadas "três resoluções" — é o caminho de todos os budas. Essa é a história em que trabalhamos, contando-a diariamente com ação e prática, não simplesmente com palavras.

As histórias estabelecem expectativas e têm consequências. Os Jataka nem sempre mostram o Bodhisattva como um ser perfeito. Muitas vezes, ele é um trabalho em andamento, cometendo erros, lutando para fazer a coisa certa. Por mais fantasiosos que os Jataka possam ser com seus animais falantes, devas, yakshas, nagas e kinnaras, essa conversa direta nos dá espaço para considerar que, por mais estranhos que sejam, eles podem ser mais verdadeiros do que pensamos. Não são meras hagiografias, mas mostram o futuro Buda como um produto inacabado, com imperfeições e tudo o mais.

Aqui, o Bodhisattva nasce em circunstâncias menos do que ideais. Isso é um eufemismo: é filho de uma ogra que se alimenta de carne humana, e ele e seu pai ficam trancados em uma caverna para que não fujam ou escapem! É um começo de vida muito difícil, ser literalmente preso em um amor confinante e potencialmente devorador. Pior ainda, o Bodhisattva, nesta vida passada, é apenas meio-humano; sua outra metade é primitiva, elementar, terrena, monstruosa. No entanto, apesar disso, ele é honesto, habilidoso, determinado e gentil. Ele ajuda o pai, realiza rituais para a mãe e tenta salvar um rei da ruína.

Caímos em armadilhas quando começamos a comparar histórias. "Será que eu sou bom o suficiente? Será que tenho tudo o que é preciso?" são reflexões autolimitantes. Temos este sopro, este breve momento em que escolhemos cumprir nosso voto de despertar e ser útil a todos. É uma escolha que fazemos continuamente. Se não o fizermos, cairemos de volta na caverna da nossa história antiga e acabamos pisando no pedacinho de propriedade que herdamos. Roshi Kapleau costumava dizer: "Cada um de nós teve mãe e pai. É o suficiente." Em outras palavras, ter nascido nos dá a oportunidade de começar a fazer o nosso trabalho. O budismo Zen afirma que a nossa natureza agora não é outra senão a natureza búdica.

A natureza do Bodhisattva, mesmo como filho de uma ogra, não era diferente de sua natureza como Buda Shakyamuni.

Ele não adquire uma natureza diferente e melhor mais tarde. Sua natureza e a nossa natureza, como afirma o Dharma, não são diferentes da natureza fundamental ou original, o princípio originador de todos os budas e Bodhisattvas. "Desde o início, todos os seres são Buda," diz a *Canção em louvor de zazen*, do mestre Zen Hakuin. *Todos os seres* — não apenas aqueles com bons ossos no rosto, inteligência acima da média e circunstâncias de vida favoráveis. A canção de Hakuin termina com "Este mesmo corpo, o corpo de Buda". Este corpo imperfeito, envelhecido, meio ogro, exatamente *este* corpo, diz ele, é o Buda. O que significa isso?

Talvez sua mãe fosse uma ogra ou seu pai, um ogro. Talvez você também seja um pouco ogro, apresentando os efeitos de sua linhagem ogra, uma educação ogra, refeições e férias ogras, bem como, talvez, tenha sido trancado em uma caverna por um pai ou mãe ogros, privado da luz e do ar que você tanto desejava. Seu passado ogro criou complexidades e dificuldades com as quais você lida hoje. Junte-se ao clube.

O Bodhisattva — o Buda em uma vida passada — era exatamente assim. Neste Jataka, ele tinha um relacionamento complexo com sua mãe e seu pai. Seus pais tinham origens bem diferentes. Será que eles conseguiam se entender? Eles não se sentavam à mesma mesa nem compartilhavam as mesmas refeições (a maioria dos brâmanes não come carne, muito menos carne humana). E, no entanto, havia algo entre eles, assim como entre eles e seu filho. Eles eram uma família. Quem pode explicar o carma? Como o Bodhisattva, nós também podemos descobrir que circunstâncias nada promissoras nos proporcionaram combustível suficiente para acender o nosso fogo do Dharma.

Até um ogro pode demonstrar amor. Corações de pedra podem se derreter, bocas com presas, carrancudas e que bebem sangue se transformam em sorrisos ternos. A rainha que se tornou uma ogra por viver uma mentira encontrou realização e amor como mãe! Qual era o seu carma com o Bodhisattva? Qual seria o seu futuro carma? Será que em vidas futuras ela foi a Rainha Maya, a mãe biológica do Buda que morreu sete dias após seu nascimento? Ou será que ela foi, talvez, sua tia materna, Prajapati, que assumiu o papel de mãe de criação quando sua mãe morreu? Embora a história não revele sua identidade futura, algum relacionamento se desenrolava e ainda poderia se desdobrar em vidas futuras. Como uma ogra, ela é quase docemente humana, pressionando seu marido e filho a não irem embora. Que mãe ou pai amorosos não tiveram esse desejo?

E o que dizer de seu dom mágico? Todos nós recebemos dons mágicos de nossos ancestrais, dons de linguagem, aptidões e habilidades que vão desde saber amarrar os sapatos até o talento para tocar piano ou pintar quadros. Nesse caso, o dom conferido é exatamente o que seu filho vai precisar. A visão do conto é de liberdade e de potencial. Com as habilidades e atitudes certas, tudo é possível. Até mesmo o filho de uma ogra pode se tornar rei.

A visão budista dramatizada pelos contos Jataka é clara: o nascimento não nos torna quem somos. A prática, a aspiração e as ações nos tornam quem somos. Alguém que venha do nível mais baixo da sociedade limitada de castas da Índia antiga, ao entrar na Sangha, poderia se igualar ou superar o mais nobre. Um barbeiro que entrasse na Ordem antes de um príncipe seria mais antigo e tido em alta consideração.

A mãe ogra dá a seu filho um dom milagroso — a capacidade de rastrear passos, mesmo passos dados no ar, ainda que tivessem sido deixados doze anos antes. Então, com o coração partido, ela morre. Despertando um coração terno, ela é liberada de seu corpo ogro. Seu carma ogro, o resultado de uma mentira egocêntrica, acabou. Ela encontra a liberdade por meio do amor. Como seu filho Bodhisattva, ela não permite que uma natureza ogra a impeça de experimentar algo mais elevado. Mesmo como uma ogra, ela atingiu uma condição de amor altruísta. Talvez nenhuma condição seja totalmente destrutiva; certamente, nenhuma é permanente. Um voto tolo de sua vida anterior e egoísta leva à transformação.

Dizem que os sábios podem ver rastros deixados por pássaros voando pelo céu. Talvez os animais também possam. Andre, a foca, mestre honorário do porto de Rockport, no estado do Maine, nos Estados Unidos, foi trazido de carro para o Aquário de Boston para ser mantido em segurança durante os meses de inverno gelado. Na primavera, Andre foi levado para o porto de Boston e libertado. Quatro dias depois, ele apareceu de volta a Rockport, tendo nadado 320 quilômetros por uma parte do mar que nunca tinha visto antes. Será que ele seguiu as trilhas de odores, os padrões de estrelas ou sabe-se lá o quê? Para ele, havia uma trilha de passos que ele poderia seguir. Depois disso, é assim que ele voltava para casa todos os anos, nadando por conta própria.

Também seguimos os passos. Histórias de ensinamentos, sutras, cerimônias, koans, Budas em altares — tudo isso são sinais, pegadas deixadas para nós por aqueles que já trilharam antes o Caminho. Existem bilhões de seres humanos neste planeta. Muitos não veem esses sinais. De alguma forma, nós, como estudantes de Dharma, vemos. Será que essa habilidade é um dom que ganhamos de nossos pais? Do nosso carma? O amor pode ser estranho, vindo de e para nós de maneiras estranhas, não necessariamente como contos de fada ou filmes com final feliz. Nenhuma infância é perfeita. Nem mesmo a do Buda. A mãe do príncipe Siddhartha, "Aquele cujos desejos são cumpridos", morreu logo após seu nascimento. Seu pai, preocupado com uma profecia que dizia que, se seu filho visse a impermanência desistiria do trono, manteve uma vigilância constante sobre ele. Essa ansiedade parental constante pairando sobre ele deve ter prejudicado o que poderia ter sido uma infância feliz e até mesmo invejável.

Seguindo os passos do Buda aprendemos a descobrir a sabedoria em histórias de ensinamentos antigos e começamos a mover a rocha que nos mantém trancados em nossa caverna familiar. Fora do que Blake chamou de nosso "eu enfurnado" estão o ar, a luz, a cor e a vida. Uma vez que começamos a praticar, não precisamos nos preocupar excessivamente com nenhum dos aspectos menos que perfeitos de nossa educação ou das características que herdamos. É claro, se houver problemas que nos bloqueiam ou nos travam, devemos obter a ajuda de que precisamos para trabalhar para lidar com esses obstáculos. Amadurecemos ao lidar com os problemas, não ignorando ou tentando afastar o que quer que esteja diante de nós.

Há muito tempo, o Buda, em sua vida passada como filho de uma ogra, não permitiu que uma educação difícil e nada perfeita o impedisse. Ele usou seus dons — inteligência, sabedoria, sensibilidade e talento — para ir o mais longe que pudesse. Como também somos ogros, a história aponta para o nosso potencial. O Caminho continua.

Vamos continuar e ver por nós mesmos o que vem pela frente.

17. Kassapa Peludo: até os grandes sábios cometem erros

Lomakassapa Jataka, nº 433

O Bodhisattva, neste Jataka chamado Kassapa, é filho do sacerdote real, e seu melhor amigo, Brahmadatta, é o príncipe e herdeiro real. Quando o rei morre, Brahmadatta se torna rei. Kassapa pensa: "Ele me oferecerá riqueza e poder. Que necessidade eu tenho dessas coisas? Escolho me dedicar ao caminho dos sábios." Ele, então, vai para o Himalaia e se dedica à intensa prática espiritual.

Shakra, rei dos deuses, fica preocupado. O Bodhisattva, agora chamado Lomakassapa ou Kassapa Peludo por causa de seus cabelos compridos e por seu corpo peludo, está meditando de forma tão rigorosa que Shakra pensa: "Devo desacelerá-lo ou, com o tempo, ele tomará o meu lugar. Devo fazê-lo cometer algum deslize."

Tarde da noite, o deus radiante, Shakra, desperta Brahmadatta, o rei de Varanasi, e diz que ele deve fazer seu velho amigo Lomakassapa realizar o sacrifício de muitos animais. Se o fizer, diz Shakra, Brahmadatta não apenas ganhará uma vida longa, mas se tornará o rei de toda a Índia. Muito feliz, Brahmadatta envia seu conselheiro mais antigo para oferecer a Lomakassapa um vasto eremitério se ele retornar a Varanasi e realizar o sacrifício. Mas o Bodhisattva se recusa, dizendo: "Eu nunca faria mal a nenhum ser vivo."

Shakra reaparece e, descobrindo seu fracasso, diz ao rei para tentar outra vez. "Mas desta vez", diz ele, "ofereça-lhe sua linda filha, Chandavati, em casamento. Lomakassapa está sozinho há muito tempo e é homem." O conselheiro retorna com Chandavati, a filha do rei, e mais uma vez faz o pedido. Vendo a garota, desta vez o Bodhisattva concorda. Em Varanasi, um grande fosso sacrificial foi cavado e uma longa fila de animais agora espera ao lado dele. O Bodhisattva recebe uma grande espada para matar. Quando ele a ergue para atingir o primeiro animal da fila, a multidão grita: "Pare! Você é um homem de paz e não deve matar!".

O elefante que está prestes a ser morto testemunhara anteriormente, em serviço, as guerras do rei. Quando a espada é levantada em direção ao seu pescoço, ele reconhece seu perigo e barre ruidosamente de terror. Todos os outros animais também gritam e berram. O Bodhisattva, ouvindo os gritos, berros e urros, lembra-se de seus votos. Envergonhado, abaixa a arma.

O rei implora para que ele continue, mas levantando-se de pernas cruzadas no ar, Lomakassapa oferece um ensinamento do Dharma sobre a impermanência, a atenção, a compaixão, a abnegação e o arrependimento e, então, volta para seu eremitério.

> *Ele com o corpo travou uma luta,*
> *Mas o corpo venceu; anda ereto.*
> — *W.B. Yeats*

Neste jataka, o Bodhisattva, já um sábio no caminho da sabedoria e da compaixão, tropeça, cambaleia e quase cai — em um profundo fosso do erro. Pego por uma ilusão irresistível, é apenas a voz do povo e dos animais aterrorizados que o trazem de volta a si mesmo, no tempo.

Há algo de animal nesse sábio peludo. Coberto de pelos como um animal, ele é capturado pelo reino primitivo do desejo e do instinto animal. Não importa o quanto a nossa prática seja refinada ou por quanto tempo a mantenhamos, ainda somos mamíferos com cabelos, pelos, glândulas, hormônios, olhos, ouvidos e mentes — e tudo o que vem com eles. A prática do Dharma, como mostra este Jataka, nunca é um hábito; a prática-realização nunca é automática. Mesmo os bons hábitos, como o pó de ouro nos olhos, podem bloquear a nossa visão. Como diz um velho ditado Zen, melhor que uma coisa boa é absolutamente nada.

Mas "nada" não significa simplesmente seguir um caminho de impulso e chamá-lo de "seguir o fluxo". O Caminho do Meio não significa permanecer em algum "meio-termo" imaginário entre os extremos. Trata-se de encontrar equilíbrio e harmonia em tudo o que fazemos. Vacuidade é forma, forma é vacuidade. Essas palavras não são simplesmente palavras repetidas como uma melodia, mas sim a essência da prática-realização. Os preceitos não são um complemento para uma vida Zen livre. Eles *são* essa vida expressa de forma plena e consciente. Ética e vacuidade são o Caminho do Meio, e são um e o mesmo.

Assim, a compreensão da vasta vacuidade não significa "vale tudo". No entanto, permanece aquela coisa arraigada chamada "desejo". Ele não pode ser interrompido ou reprimido, embora as culturas tenham tentado; histórias de rituais de castração sujam a história. Mas simplesmente chamar esse desejo de algo "natural" e deixá-lo correr solto para arruinar vidas também não é uma solução. Nem irá funcionar o extremo de negar ou dar rédea solta. Onde está o Caminho do Meio? Ou seja, como podemos conviver bem *com* isso?

Se você acha que essa é uma questão teórica, você não está prestando atenção. Todos nós temos que chegar a um acordo com isso e todos nós podemos fracassar, até mesmo o Bodhisattva. Existem vários Jataka que dramatizam sua luta contra o desejo sexual. Em alguns, como é o caso deste, ele quase cai. Em pelo menos um ele *de fato* fracassa e tem que se arrepender, mudar seus caminhos e começar de novo. E, enquanto neste Jataka sua resposta ao desafio envolve voltar a uma vida dedicada e solitária no topo da montanha, em outros Jataka ele é casado e tem família. O celibato não é a questão; votos, veracidade e intenção, sim.

O desejo não precisa se referir apenas a sexo (embora Freud possa discordar). Pode ser o desejo por qualquer coisa que faça nossos joelhos fraquejarem, nosso coração disparar e as mãos suarem — até mesmo experiências espirituais! O desejo é uma força que todos enfrentamos, tão sempre presente que a publicidade pode nos fazer babar por coisas de que quase não precisamos. Sem os ensinamentos éticos no centro da nossa prática, até mesmo o desejo por iluminação pode se tornar um veneno.

Em comparação com a maturidade plena do estado búdico, todo mundo é uma criança com muito crescimento pela frente — talvez já tenhamos conhecido os efeitos dolorosos da nossa imaturidade. Conhecer nosso próprio potencial para o erro é o que torna real a nossa prática do Dharma. Não estamos tentando *parecer* budistas ou budas. Não estamos em um safári da iluminação, procurando aquele barato espiritual para riscarmos da nossa lista antes de correr para a próxima coisa sedutora que possamos ir atrás. Estamos praticando porque, como o Buda, vimos as consequências. Mantivemos nossos pensamentos e ações à luz de nossos votos e aprendemos que precisamos amadurecer. Sabemos que podemos fazer mais e melhor.

Tudo o que precisamos (ha!) é deixar de lado o nosso egocentrismo arraigado, de cabeça para baixo, de pernas para o ar, habitual e dualista, e tirar isso do caminho. O Dharma oferece prática, não teoria. E nos lembra que, se persistirmos em meio a desafios, problemas e erros, então, como o Bodhisattva, iremos amadurecer. O crescer ocorre exatamente com o que esse Jataka mostra: cometer erros, cair, levantar, corrigir erros, continuar.

Reflita sobre o ato de andar: levantamos um pé, caímos para a frente e nos seguramos quando nossos pés tocam o solo. Levantamos o outro pé, caímos e nos seguramos. Fazemos isso continuamente. Andar é cair e segurar, cair e segurar. Por fim, ficamos tão bons nisso que não percebemos mais que avançar significa cair. Esta é uma boa descrição do Caminho.

O Buda, o narrador de cada Jataka, era humilde o suficiente ao contar suas próprias histórias de vidas passadas a ponto de não se esquivar de revelar as suas dificuldades. Como a maioria de nós tenta esconder nossas deficiências, podemos ser especialmente gratos por essa honestidade.

O rei, neste Jataka, comete o mesmo erro egocêntrico que o asceta Bodhisattva. Ele está disposto a manipular um velho amigo, entregar sua filha e massacrar seres vivos para conseguir o que deseja. Embora ele possa tentar encobrir suas ações alegando que só deseja poder para fazer coisas boas, começar seu reinado dessa forma lança dúvidas sobre sua capacidade de realizá-lo. Shakra também, embora seja o deus supremo, parece motivado por preocupações mesquinhas. Mas, afinal, todos os seres nos seis reinos da existência não iluminada (até mesmo os reinos dos céus e dos deuses) têm algum problema, algum egocentrismo que mantém a roda cármica girando. Pelo menos uma vez nos Jataka, o próprio Bodhisattva governou como Shakra, o rei dos deuses. Em outra, ele governou ao lado de muitos Shakras. Mesmo assim, por mais superior que fosse, ele também foi apanhado pelo egocentrismo e caiu. Mas por causa de seu erro, viu os efeitos de seus próprios pensamentos e comportamentos estreitos e mudou positivamente para sempre.

Neste Jataka vemos que mesmo alguém que já foi bem longe no Caminho pode cair. A roda gira. Rei dos deuses, rei humano, asceta realizado, todos são colocados à prova. Mas existe uma diferença. Por meio de anos de prática contínua, o sábio eremita mantém acesso aos votos vivos. Embora estejam nublados, eles continuam lá. Isso muda as coisas não apenas para ele, mas para os animais, para o rei e talvez até para o rei dos deuses. Evite o mal, faça o bem, salve muitos seres. O Bodhisattva se recupera bem a tempo, alcançando o Caminho do Meio ao mesmo tempo em que oscila na beira do fosso. Ainda assim, é algo arriscado até a multidão se manifestar.

O que é um ponto importante. Nossa prática não é uma forma de excluir o mundo. Sempre que as circunstâncias nos desafiam e nos testam, elas também podem nos ajudar a realizar o Caminho. O asceta foi arrastado do topo de sua montanha pelo desejo, um aparente tropeço em sua trajetória. Mas talvez as notícias não fossem todas ruins. Talvez ele tenha se libertado do orgulho e da falsa sensação de superioridade que pode advir de uma prática isolada e não testada. Talvez Shakra tivesse algo na manga divina, afinal. Os deuses, dizem, agem de maneiras misteriosas. Ele colocou o jogo em movimento. O resultado foi que o Bodhisattva foi libertado de uma percepção estreita e unilateral.

Talvez essa fosse a intenção de Shakra o tempo todo. Sob o pretexto de motivação egoísta, em modo furtivo, ele interferiu e mudou a história. Às vezes, problemas, deslizes e desafios podem nos salvar de uma prática ou de uma vida muito estável e complacente. O Bodhisattva quase caiu em desgraça e foi salvo, chamado de volta a seus votos mais profundos por animais e pessoas comuns. Talvez ele não fosse tão especial, afinal. Talvez seu fracasso tenha sido uma coisa boa, liberando-o para se tornar mais consciente e mais alerta. Cabeças inchadas costumam atingir o batente da porta quando tentamos passar por elas.

O Buda que estava prestes a surgir sentou-se sob a árvore Bodhi durante uma longa e desafiadora noite de meditação. Com o amanhecer, ele olhou para cima e viu a estrela da manhã. Talvez tenha sido um lapso de concentração. No entanto, com aquele pequeno erro, aquela falha maravilhosa, o Universo entrou em cena e o resto é, literalmente, história. Depois disso, vieram todas as idas e vindas do mundo. Às vezes, o que parece ser um erro pode ser um portal do Dharma.

Não sejamos complacentes e contentes com uma prática abstrata confortável, unilateral e difusa. Permanecendo abertos a *detalhes*, a essa "estrela da manhã", a esse amigo, a essa flor, a essa respiração, bem como a nossos próprios lapsos e falhas, como o Bodhisattva, podemos fazer o nosso melhor para transformar dificuldades e falhas no Caminho, encontrando maneiras de transformar a nossa palha em ouro.

18. Tocando a terra

Nidana-Katha (introdução à coleção Jataka Páli — e outros lugares)

Aos 29 anos, o príncipe Siddhartha Gautama conhece de verdade, pela primeira vez, o envelhecimento, a doença e a morte e tem um vislumbre do caminho espiritual que leva para além da angústia. Logo depois, abandona seu palácio, entra nas florestas e montanhas para começar sua busca pela verdade e nunca mais olha para trás. Após seis anos de austeridades terríveis, perto da morte, um esqueleto enrolado em tendões e veias, ele de repente se lembra de um festival de sua infância quando a autoconsciência havia desaparecido e ele experimentara uma absorção intensa e altruísta e uma paz profunda.

Percebe que se já vislumbrou o Caminho como uma criança bem alimentada, então, a fome e a punição do corpo não podem ser o Caminho. Ele aceita comida — uma simples oferta de arroz com leite. Seus cinco discípulos ascetas o abandonam, desgostosos com o que consideram ser um sinal de que Siddhartha havia desistido. Mas ele não desistira.

Depois de comer, joga sua tigela vazia no rio: "Se este for o dia da minha iluminação suprema, que ela flutue rio acima!". A tigela segue rio acima e depois desce para as câmaras do antigo rei naga, Kala Nagaraja, parando contra uma longa fileira de tigelas idênticas — as tigelas dos Budas anteriores. Chegando à árvore Bodhi, ele anuncia: "Mesmo que apenas pele, tendões e ossos permaneçam e que meu sangue e carne sequem e murchem, não vou deixar este local até ter atingido a iluminação completa".

Visões surgem. As três belas filhas de Mara, o Tentador, Mara, o Distraidor, tentam seduzi-lo. O terrível exército demoníaco de Mara gira sobre ele. Ele permanece totalmente focado e impassível. Então, Mara se aproxima e, na própria voz interna de Gautama, pergunta: "Como alguém, jovem como você é, poderia ser digno de chegar à iluminação suprema? Você não poderia estar pronto."

O futuro Buda toca a Terra, pedindo que a Terra testemunhe por ele. A Terra responde: "Ele é merecedor! Não há um lugar onde ele ainda não tenha se oferecido para alcançar a iluminação e a felicidade de todos os seres!"

Mara e seu bando fogem.

Com o amanhecer, o Buda olha para a estrela da manhã e encontra a iluminação, exclamando: "Maravilha das maravilhas! Todos os seres são budas, totalmente dotados de sabedoria e virtude! Só a ilusão os impede de atestar isso."

Os melões parecem frescos,
Salpicados de lama
Do orvalho da manhã.
— *Basho*

Essa história da iluminação do Buda não é, em si, um Jataka, mas é a história arquetipicamente central do budismo. É para onde todos os Jataka conduzem.

A iluminação é tanto a meta quanto o coração pulsante diário da prática-realização Zen — e vai além da mera *calma*.

Para Siddhartha, a calma não era suficiente. Tendo experimentado pessoalmente a impermanência, a insubstancialidade de cada pessoa e cada coisa, um fogo acendeu-se em sua mente, em seu coração e em suas vísceras. Depois disso, não teve escolha. Tinha que seguir até que tocasse em terra firme.

Onde quer que estejamos, o que quer que tenhamos realizado ou *não*, podemos levar a sério e seguir em frente. Nós fazemos o trabalho. Então, continuamos fazendo o trabalho. Podemos ter momentos em que tocamos o *solo da mente*, mas esses momentos não representam o fim do nosso caminho. Em vez disso, são um novo começo, como perceber, "Aha! Aqui está a terra!". Podemos, então, continuar a nossa jornada com mais confiança, agora que o terreno real está sob nossos pés.

Em muitos Jataka, o Bodhisattva desperta para a realidade do altruísmo, da identidade da forma e da vacuidade, do relativo e do absoluto, da Verdadeira Natureza não dual, para o insight. São momentos marcantes, com certeza, mas ainda não se referem à plena realização do estado búdico original. Em vidas de contos Jataka anteriores, o príncipe Siddhartha tinha sido professor espiritual, praticante leigo, praticante ordenado, monge eremita, líder comunitário, asceta errante, empresário, homem de família, carpinteiro, malabarista, ladrão, pastor de bois, fazendeiro, líder de caravana — sem falar em animais, deuses, ogros e nagas. A lista parece ser quase interminável.

Ele teve inúmeras vidas comprometidas com as práticas éticas básicas, seja como ser humano ou não humano. A tradição budista diz que quaisquer desafios que tenha enfrentado, quaisquer alturas que tenha alcançado ou profundidades que tenha tocado, ele sempre escolheu ir além, até a próxima colina, além do próximo rio, através da próxima floresta escura. Não ignorando um problema, não satisfeito com um marco, ele realizou o Grande Caminho. Avante, além, era a sua natureza, como é a nossa. A realização prática não é estática, mas uma estrada dinâmica que continua indefinidamente — e, por isso, é chamada de Caminho, o Caminho.

Nós reverenciamos especialmente a história da iluminação do Buda porque ela revela o nosso potencial ao mesmo tempo em que mostra a perseverança, a dedicação e o trabalho necessários para alcançá-la. O Buda tem seu momento de Cristo na cruz quando descobre que o ascetismo obstinado não esclareceu nada, apenas o deixou em um lugar escuro e inútil. E embora o ex-príncipe permanecesse muito tempo sentado em meditação, no fim, apenas se sentar e meditar não era suficiente; houve um gatilho para a sua realização. Não foi algo que veio apenas de olhar "para dentro". Pode ter sido uma palavra, um som ou qualquer coisa. Ele estava maduro, e sua mente vazia dos limites habituais, quando ergueu os olhos e viu a estrela da manhã. AHA! "Se foi, se foi, se foi totalmente!" Completamente claro! Uma estrela da manhã estava sentada sob a árvore. Não ver é ver de verdade. Ninguém estar sentado é estar genuinamente sentado. Apenas estrela! *Estrela!*

Mas, mesmo antes disso, o Bodhisattva não estava apenas ali sentado como um sapo. Ele estava pronto, alerta como um gato diante de uma toca de rato. Quando Mara o desafiou, ele respondeu. Ele não foi apanhado, mas não o ignorou. Quando as situações surgem em nossas vidas, não podemos ficar sentados até que elas desapareçam. É hora de agir. Não precisa ser nada tão importante. Na verdade, seria sensato não tornar isso — seja o que for — algo muito importante. O Buda simplesmente tocou a Terra e pediu à Terra para testemunhar por ele. Não tentou reunir razões e discutir com Mara. Ele simplesmente fez a única coisinha que daria conta do recado.

Mara não era negligente e sabia como atingir pontos sensíveis. Talvez todos os obstáculos se resumam à dúvida em relação a si mesmo. Um antigo professor disse que, se não fosse por alguma forma de não nos entregarmos totalmente à investigação, alguma forma de recuar e duvidar de uma maneira inútil, todos nós já teríamos nos iluminado há muito tempo. A voz duvidosa de Mara é antiga e universal, mas não precisa ser um obstáculo. É simplesmente outro portal do Dharma para o qual prometemos despertar. Estamos todos no mesmo barco. Com o Buda não foi diferente.

A tradição budista diz que todos nós temos a natureza de Buda, exatamente a mesma natureza vasta, vazia e de potencial infinitamente criativo. Desde o início, somos totalmente dotados de sabedoria e compaixão. E como já somos quem somos, *se* praticarmos, *se* fizermos um esforço, então também podemos, em um grau ou outro, despertar para a Mente Original.

No entanto, mais uma vez, sejamos claros: a iluminação não é uma "coisa" que "obtemos". Vem de perder, não ganhar, perder o habitual "material" egocêntrico que nos isola do vento, da chuva, do Sol, da Lua, das estrelas, dos animais, das pessoas. Com esse fracasso maravilhoso, essa perda libertadora, encontramos familiaridade, que é o que buscamos sabe-se lá há quanto tempo. *Iluminação* é um nome dado à nossa capacidade de atestar nossa intimidade original e imaculada com tudo o que é senciente e não senciente. Não é um prêmio. Não é algo que ganhamos, porque nunca foi perdido. Como a Terra, sempre esteve aqui. Nós simplesmente não tínhamos a estabilidade necessária para ver. Claro, não é que "eu" me torne intimamente familiarizado com tudo. Em vez disso, as chamadas "dez mil coisas" entram e me substituem. Eu já fui embora. A intimidade se dá a esse ponto!

Em algum ponto, começamos a pensar: "Se somos essa natureza iluminada, onde ela está? E por que não a conhecemos?" Em nossa meditação contínua, examinamos essas questões, como faz uma pessoa sedenta cavando em busca de água. Uma pesquisa por sonar — a vida do Buda, os Jataka, os ensinamentos Zen — nos mostra que a água existe. Temos um mapa. Nosso mapa revela que toda a água de que precisamos já está sob nossos pés. Então, continuamos. Entramos em uma Sangha. Nos sentamos em silêncio com os outros. Ouvimos palestras sobre o Dharma, encontramos e trabalhamos com professores e reservamos tempo para retiros — experimentamos cada respiração, exploramos e personalizamos ensinamentos específicos, examinamos e defendemos os preceitos. Se formos estudantes do Zen, podemos trabalhar com os koans.

O Buda, um ex-príncipe, tocou a Terra após várias vidas de prática. Para muitas pessoas, é preciso que se passem anos e anos de prática e vários marcos iniciais até que o "portal" realmente se abra e elas *conheçam*. Ainda assim, a tradição afirma que a iluminação do Buda foi única. Foi completa, insuperável e perfeita —, com todos os níveis de caráter e mente totalmente realizados. E foi assim por causa das vidas de trabalho que precederam a iluminação.

Em essência, cada experiência de realização, tanto a do tipo pequeno que provavelmente realizaremos quanto a grande iluminação do próprio Buda, é a mesma. Em conteúdo, no entanto, elas são muito diferentes.

Segundo a tradição budista, nesta Era ninguém no mundo experimentou a iluminação mais profundamente do que Shakyamuni porque ninguém trabalhou tanto ou por tanto tempo para preparar o terreno. Ele tocou não apenas o chão, mas o fundo sem fundo e as alturas sem topo. Comparar a nossa realização com a dele seria como comparar a pintura a dedo de um aluno do jardim de infância à obra acabada de um Rembrandt ou um Picasso. A substância é a mesma — ambas são pinturas —, mas o grau de realização consciente é muito diferente. No entanto, todos nós começamos de algum lugar e, para o aluno do jardim de infância, essa pintura a dedo é tão significativa quanto o trabalho de Rembrandt foi para ele.

A história do Buda — sua saída de casa e esforços no caminho da floresta, seu abandono por seus discípulos e seu encontro solitário com Mara, a força primordial dele e de nossa ignorância inata — completa seu Caminho de muitas vidas. Tocando a Terra, ele se levanta e segue em frente, transcendendo a tentação final de sentar-se à vontade em seu tão desejado pavilhão de prazer, liberdade, sabedoria e paz conquistados com dificuldade. Em vez disso, ele dedica seus próximos cinquenta anos a caminhar por estradas empoeiradas, ensinando aqueles que, embora na realidade sejam tão completos e inteiros quanto ele, não sabem disso. Ele volta ao caos das dez mil coisas, em paz com tudo e com um meio sorriso nos lábios.

Pouco antes da iluminação do Buda após seis anos de esforço exaustivo (para não falar dos kalpas de empenho de prática nos Jataka), indo ao limite, tentando com tudo o que tinha, aproveitando a força de seus próprios esforços, fracassos e triunfos, Mara, a voz interior do ego, aparece. E Mara tira seu ás da manga — a dúvida. Ele pergunta: "Como é que um ex-príncipe protegido como você pode ser digno desse objetivo? Homens e mulheres melhores do que você tentaram e falharam. Você é jovem, apenas um iniciante. Dê tempo ao tempo. Você tem algumas habilidades básicas, mas agora? Sem chance. Desista! Vá devagar." O conselho de Mara é razoável, diabolicamente razoável. "Vá com calma. Tome cuidado. Vá devagar. Prepare-se. Reduza os apegos e as preocupações do ego. Seja humilde. Não se precipite."

Neste momento crucial, com mundos em equilíbrio, Siddhartha não desperdiça energia discutindo com a voz habitual de sua própria separatividade, sua predileção pelo egoísmo. Ele nem mesmo tenta montar um contra-argumento razoável. Entrar na briga já é ter perdido. "Me preparar? Não estou pronto? Um eu que ganha? Um eu que perde? Um eu que possui? Um eu que não quer?" Ele não é sugado pela metáfora de Mara. Talvez ele tenha sorrido e balançado a cabeça com pena do velho Mara, e então se abaixou e tocou a humilde Terra, pedindo a ela que fosse sua testemunha. A Terra respondeu com milhares de vozes — vozes de sulcos e túmulos, juventude e maturidade, homem, mulher, criança, animais, plantas, rios e pedras. O "Interser", para usar o adorável termo do monge Thich Nhat Hanh, desperta e Mara fica maravilhado. Seu último esforço para tentar fazer o Bodhisattva se apegar a uma visão limitada é esmagado.

Os contos Jataka são o registro da história da prática do Buda. Diz-se que é uma longa história que remonta a eras mundiais, talvez Big Bangs. De acordo com a tradição budista, nós também temos nossa própria história Jataka. Aconteceram coisas que nos tornaram quem somos. Tropeçamos, esfolamos os joelhos, nos levantamos, deixamos a ferida formar uma crosta e tentamos de novo. Encontramos alegrias e tristezas. Talvez a nossa história também se estenda ao longo do tempo. Onde começa o caminho da causalidade que se desdobra como cada planta, inseto, animal, pássaro, como cada um de nós?

Em seu momento de desafio final, o Buda tocou a Terra. Ele não alcançou o céu e implorou por ajuda de cima. Ele não caiu na metáfora de Mara, não tentou vencer o debate ou argumentar com o Distraidor. Ele tocou a Terra sempre presente, altruísta, assentada, pisada e lhe pediu que falasse por ele. A resposta dela o confirma e supera todas as dúvidas. O que constrói um terreno sólido abaixo de nós é o trabalho que fazemos agora. Roshi Kapleau costumava dizer: "Se você não decepcionar o Dharma, o Dharma nunca o decepcionará". Nenhum esforço é desperdiçado.

O que torna essa história tão adorável é que não é simplesmente uma história antiga. É a nossa história também. Esse momento faz parte da série Jataka contínua dos budas não totalmente realizados. A natureza essencial, a própria mente, a base abaixo de nós, está sempre aqui. Vidas passadas, pensamentos passados, decisões e eventos levaram a este presente no qual nos sentamos, andamos, levantamos, falamos, comemos, trabalhamos, nos preocupamos, criamos, cutucamos o nariz. No fim do dia, dizemos "boa noite" e nos deitamos no chão de terreno da natureza, o terreno a partir do qual praticamos e em que sempre estivemos, quer saibamos disso ou não. Este terreno está sempre pronto para testemunhar, se pedirmos isso a ele.

Nosso voto fundamental como seres humanos é conhecer a nós mesmos, saber quem ou o que somos. As coisas comuns nos confirmam, nos dizem, de fato, *nos fazem* quem somos todos os dias. Não há barreira entre nós e nem uma única coisa. Iluminação é intimidade.

Tocar a Terra é sempre possível porque o terreno verdadeiro nunca está longe.

APÊNDICE

Um sonho dentro de um sonho – uma visão Zen

Yang-shan sonhou que foi para o reino de Maitreya e foi levado ao terceiro assento. Um monge sênior bateu no púlpito com um martelo e anunciou: "Hoje, o monge do terceiro assento vai dar ensinamento". Yang-shan levantou-se, bateu no suporte com o martelo e disse: "O Dharma do Mahayana está além das Quatro Proposições e transcende as Cem Negações. Ouça, ouça."

— O portal sem porta, História nº 25

O professor Zen Yang-shan sonha que está com o futuro Buda, Maitreya, e que está sentado em um lugar de honra. Diz-se que Maitreya está nos Céus de Tushita trabalhando agora em meios habilidosos (*upaya*) para ajudar a libertar os seres iludidos — ou seja, nós. Ele deve estar de volta aqui conosco na Terra em breve — dentro de um bilhão de anos ou mais. (O tempo celestial é diferente do terrestre. Alguns anos lá podem significar milhões aqui.) Enquanto isso, dada a sua bondade amorosa, dizem que ele já está vagando por nossas estradas e mercados empoeirados como um monge barrigudo, cabeça raspada e orelhas grandes, dando doces às crianças para evitar que chorem, tentando manter as coisas nos trilhos com um sorriso, uma palavra, uma risada, alguns pães torrados ou bolos de arroz difíceis de mastigar. Nessa forma ele se chama Hotei, e aparece como a nossa própria natureza totalmente realizada na décima e última imagem Zen de pastoreio de bois, coberto de poeira, sorrindo amplamente no movimentado mercado da vida. (As pinturas do século XII do pastoreio de bois mostram todo o Caminho da realização da prática.) Você pode vê-lo em um restaurante chinês. Aquele "Buda" de boa sorte e barrigudo é uma imagem populista de algo que é, na verdade, muito misterioso e profundo.

O Maitreya, o futuro Buda, está trabalhando com afinco, esperando fazer o que Shakyamuni não conseguiu: libertar todos nós, seres ainda iludidos. E há Yang-shan incluído nessa comitiva grandiosa, no terceiro lugar principal, próximo ao Buda e ao Maitreya. De repente, ele entrega o martelo do professor e diz: "Diante desta assembleia iluminada que inclui o Buda e o futuro Buda, o melhor dos melhores, mostre o que você sabe!".

Imagine algo assim em sua vida. Diante de você, fileira após fileira, senta-se a audiência mais importante, os melhores dos melhores na sua área, com talvez outros milhões assistindo pela TV. Inesperadamente, colocam um martelo em suas mãos e pedem que você se levante e diga o que sabe! Você engole em seco. Em um instante, o céu radiante se transforma em um mundo de palma de mão suada de tanto nervoso. Mas Yang-shan se levanta, bate o martelo — *Pow!* — e apresenta a sua visão: "O Dharma do Mahayana está além das Quatro Proposições e transcende as Cem Negações. Ouça, ouça." Fim do *teisho* (fala no Dharma).

Ele não apenas está em um sonho, mas também usa palavras oníricas, criando um sonho dentro do sonho. O que está "além" de todas as frases, de todas as palavras? O que é "transcender" todas as posições filosóficas? Será que ele está dizendo que palavras e letras apenas apontam para a verdade, mas não podem alcançá-la ou nos levar a ela? Que devemos soltar, transcender e ir além delas para conhecer a verdade, pois *esta* está além de tudo isso?

O mestre Zen Dogen pode discordar. As palavras são as próprias verdades, em sua visão, tanto quanto estrelas e gatos, corvos e nuvens. E quanto aos valores? Devemos estar além deles também? É isso o que ele quer dizer? O que Yang-shan *quer dizer* quando afirma que temos que ir *além* de todas as posições filosóficas, todas as palavras e frases para realizar o Dharma, a verdade? Ele quer dizer que devemos nos livrar de tudo e mergulhar em uma maionese metafísica?

E por que Wu-men (o compilador da coleção *O portal sem porta*) achou que isso seria significativo? É a história de alguém sonhando que disse algo em um sonho! Não queremos sonhos, queremos? Queremos a verdade! Não é por isso que praticamos? Para despertar! Já tivemos sonhos suficientes. Queremos acordar! O que será que tinha em mente Wu-men, o compilador da coleção de histórias, comentários e versos koan de *O portal sem porta,* do início do século XIII?

Então, mais uma vez, o que poderia estar mais além de toda lógica, razão, conceitos ou posições do que um sonho dentro de um sonho? Os antigos contadores de histórias celtas usavam um dispositivo conhecido como "entrelaçamento". Eles começavam uma história, depois contavam uma história dentro dessa história e depois contavam outra história dentro dessa história, e assim por diante, história dentro de história dentro de história, como bonecas russas, até que perdemos a nossa habilidade de seguir o que é sonho e o que é real. Tudo o que sabemos, tudo o que podemos saber, é este momento. Estamos mergulhados em um sonho — talvez mais profundo do que nunca — e, ao mesmo tempo, mais presentes do que nunca, todos os conceitos desapareceram.

No Zen, eventos semelhantes a sonhos são chamados de *makyo*, que significa "estados mentais misteriosos, sinistros, estranhos ou ilusórios". Em última análise, qualquer coisa que não seja a iluminação é makyo, um sonho. Dessa perspectiva, até mesmo a nossa vida desperta é uma espécie de makyo. Nesta vida, há também makyo de baixo nível à medida que a mente se acalma e emergem imagens, ideias e sensações há muito enterradas. Depois de alguns dias de sesshin, podem aparecer filmes detalhados na parede diante de nós ou na textura da madeira no chão. Ou as paredes ou o chão podem parecer ondular. Somos encorajados a deixá-los ir e vir como imagens em um sonho, a não nos fixar neles nem nos envolver, mas continuar com a nossa prática. Eles não são o ponto; são simplesmente sinais de que as coisas estão esquentando. Mas quando a coisa é pra valer, eles desaparecem. Assim, prestamos atenção à nossa prática, contando a respiração, experimentando a respiração, sentando-nos totalmente focados, pensando "não pensando" ou absorvendo a nossa atenção em um koan.

Mas esse sonho do Yang-shan é diferente. É misterioso, permeado de significado. Quando acordamos desse sonho, podemos sentir o cheiro de incenso no ar. Foi real? Foi um sonho? Chuang Tzu, o filósofo/sábio chinês, teve um sonho em que era uma borboleta. Quando ele acordou, ele se perguntou: será que ele era um homem sonhando que era uma borboleta ou uma borboleta sonhando que era um homem?

Alguns makyo podem ter um significado profundo e pressagiar um nível mais profundo de prática. Uma voz de sonho pode oferecer uma visão real. Um cientista pode encontrar a solução para um problema incômodo, como Francis Crick vendo a forma espiralada do DNA em um sonho. Um escritor pode encontrar a solução para seu romance em andamento, um músico pode ouvir os acordes finais da sinfonia que ainda está por escrever. Um estudante do Zen pode despertar por meio de um sonho, todas as dúvidas sendo desfeitas. Artistas, cientistas e praticantes religiosos conhecem o poder dos sonhos. A criatividade pode depender disso. Podemos chamá-lo de visão ou imaginação, instinto ou intuição, mas existem reinos claramente sutis como presentes, como graça. Talvez os animais também saibam disso. Afinal, o que é o instinto?

Diz-se que quando Yang-shan acordou deste sonho e o relatou, seu professor Kuei-shan disse: "Você atingiu o posto de sábio". Mas a questão não é essa. O comentário de Wu-men diz: "Diga-me, Yang-shan deu ou não um ensinamento? Se abrir a boca, você está perdido. Se você se calar, também perderá 'isso'. Se você não abrir a boca nem a mantiver fechada, você estará a cento e oito mil milhas de distância." Cento e oito mil é uma referência budista às cento e oito impurezas que, com a iluminação, se tornam as cento e oito perfeições ou virtudes. Ainda assim, se você abrir a boca e disser: "Ele deu ensinamento", você está perdido. Quer dizer, ah por favor! Foi um sonho! Ele não disse nada. Nada disso aconteceu! Então, como ele poderia ter dado um ensinamento? Ele sonhou! Se você sonha que escreveu um romance, você o escreveu? Bem, talvez, em outro mundo, quem sabe?

Então, outra vez, se ficar em silêncio, você também perde. Pois alguma coisa aconteceu. Do contrário, não haveria história. Essa é a verdade. Ele ensinou palavras profundas em um sonho esplêndido. Isso é um fato. Como você pode não responder? Você vai ignorar os fatos — as coisas que acontecem — para ter sossego e paz? Em caso afirmativo, quão real será a sua paz? Que tipo de vida seria essa? Yang-shan realmente *teve* um sonho em que falou no palácio de Maitreya. Mas onde está a nossa liberdade se dizer sim é errado e se o silêncio também é errado? Como somos livres e como podemos realizar essa liberdade se nem uma postura positiva nem negativa vai funcionar? O que significa que a verdade do Mahayana está *além* de todo conceito, de toda posição filosófica? O que é estar acordado? O que é estar dormindo? O que é sonho e o que é real? Aqui está a nossa vida em poucas palavras. Será que nós somos reais? Estamos sonhando? Será que é uma coisa ou outra? Ou nenhuma? Como devemos responder? Como *respondemos*?

Existem sonhos egocêntricos que nos atormentam. "Eu quero tanto isso que farei de tudo para conseguir." Ambições ferozes encontram seu combustível aqui. Está cheio de versões menos drásticas, formando a textura da realidade dualista comum. "Eu estou aqui, ela está lá fora. Isso é uma árvore. Isso é uma gota de chuva. Isso é uma vaca." A realidade comum é uma espécie de sonho comum. "Os sonhos são feitos de coisas como nós", diz Próspero, mágico e diretor de palco de *A Tempestade,* de Shakespeare. É verdade. Depois, há sonhos estranhos e confusos sem raízes, sonhos da noite, de resultado, como o velho Scrooge diz em *A Christmas Carol*, do pudim não digerido que comemos tarde da noite.

E existem sonhos grandes e nobres, como o sonho da prática budista e de querer, de fato, *jurar* salvar todos os seres, mesmo quando estamos perdidos em sonhos. Esse é um grande sonho, um sonho selvagem, louco e magnífico. Este é o sonho que o Zen deseja que sonhemos, não apenas ficarmos calmos, não apenas obtermos um pouco de paz de espírito, não apenas estarmos "na faixa". O Zen nos pede para alcançar a realização do sonho impossível de abandonar o egocentrismo e libertar todos os seres. Um grande sonho, sem dúvida!

Meu antigo professor Roshi Kapleau costumava dizer que a iluminação é um sonho. É da nossa própria mente que estamos falando. É algo que foi nosso desde o início. O que vamos conseguir com a iluminação que já não temos? O problema é que não sabemos disso. Logo, é um sonho importante, esse sonho da iluminação, um sonho do qual podem depender muitas coisas boas. Sem ele e os esforços que fazemos para a sua realização, vivemos meias-vidas. Nos levantamos de manhã, mas mal notamos o sol milagrosamente nascente, ou a luz nas folhas ao meio-dia, ou a lua e as estrelas à noite. Vivemos em pensamentos sobre as coisas, não nas coisas em si. Mistérios comuns existem em abundância. No entanto, embora perdidos no sonho que vivemos, não devemos descartar o valor do sonho. Como a conversa dos sonhos de Yang-shan, há verdade nas ações e nas palavras dos sonhos. "A vida é apenas um sonho", diz a velha canção. Laurens van der Post, em seu livro *The Heart of the Hunter*[8], vai além, relatando um lenhador dizendo: "Há um sonho que nos sonha".

Por doze anos fui convidado a contar histórias na Zuni Pueblo, uma das comunidades indígenas mais tradicionais da América do Norte. Certa vez, quando minha esposa, Rose, e eu estávamos saindo de Zuni, vimos uma figura terrível caminhando pela estrada — um dos ferozes kachinas (espíritos indígenas) punidores, ou seres sagrados, uma espécie de forma irada como se pode encontrar no budismo tibetano. Este kachina em particular usava uma imensa máscara sagrada de madeira, com dentes afiados, olhos esbugalhados e longos cabelos pretos e ensanguentados —

---

8 Tradução literal: "O coração do caçador".

ensanguentados porque uma das mãos segurava uma faca ensanguentada (feita de madeira pintada), e dizem que, com essa mão, ele deve escovar a franja deixando os cabelos manchados de sangue. Ele logo passaria pela Dowa Yalanne Elementary School — a escola que fica em frente à Dowa Yalanne — Sacred Corn Mountain. Os professores saíram correndo e reuniram as crianças antes que ele chegasse. Se não o fizessem e aquelas crianças vissem aquele punidor terrível de transgressões, elas desmaiariam e cairiam no asfalto do pátio da escola.

Mito não é apenas algo em um livro de Joseph Campbell. O mito é real. Kachinas são reais. Roshi Kapleau, que tinha uma personalidade algo parecida com a de Rinzai, forte e direta, assumiu uma postura bem semelhante à de Soto, intuitiva e sensível, no que se refere ao mito. Ele nunca falou de "figuras" do Buda ou de "estátuas" do Buda. Ele sempre disse: "o Buda no altar". Por quê? O Buda é real. O Maitreya é real. Yang-shan é real. Você e eu também somos reais. Dogen escreveu, em *Painting of a Rice Cake:* "Se você diz que uma pintura não é real, então, a miríade de coisas não é real".

Mais uma vez, até que ponto a "realidade" é real? Não é em boa parte o que imaginamos que seja ou o que estamos condicionados a acreditar que seja? Não somos nós mesmos, em grande parte, o que estamos condicionados a acreditar que somos? A realidade é "real" ou também uma espécie de sonho? "Os sonhos são feitos de coisas como nós". Bob Dylan adiciona em *Talkin' World War III Blues*, "I'll let you be in my dream if I can be in yours."[9] Sonhos dentro de sonhos. Dentro de um sonho.

Shibayama Roshi, no seu comentário sobre este koan em *Zen Comments on the Mumonkan*, menciona que, quando o professor japonês Takuan estava morrendo e foi pressionado por seus discípulos por um último verso, pegou seu pincel e escreveu uma única palavra — *Sonho*. Roshi Kapleau relatou que, não muito depois de chegar a Hosshin-ji, no Japão, um monge perguntou-lhe: "Kapleau-san. Você acredita em sonhos?" Ele disse que levou muitos anos de prática Zen até entender o que aquele monge quis dizer.

---

9   Tradução literal, "Deixo você ficar no meu sonho, se eu puder ficar no seu".

Você acredita em sonhos? Quem é essa pessoa que acredita nos sonhos? Há um sonho sonhando sonhos. Há uma pessoa de sonho ensinando em um sonho, ensinando ouvintes de sonho, e agora mesmo ensinando você com estas palavras. Está errado? Está errado que nossa vida seja um sonho? Isso menospreza ou deprecia em alguma coisa? Não é que seja "apenas um sonho". Pelo contrário, é um SONHO! Precisamos mudar isso? Precisamos torná-lo mais real? Como seria isso? Em que medida seria diferente? Pense novamente no que Yang-shan disse de seu sonho dentro de um sonho: "O Dharma do Mahayana está *além* das Quatro Proposições e *transcende* as Cem Negações". Agora, não apenas um dia no futuro quando "entendermos", agora a realidade está além de sim, não, para cima, para baixo, sonho, verdadeiro, real, bom, mau, sábio, tolo.

O que foi, então? Yang-shan expressou isso totalmente? E como nós vamos expressar? Pois nós devemos. Todos os dias nós também ocupamos o terceiro assento. Todos os dias alguém, alguma situação, algum acontecimento coloca um martelo em nossas mãos e exige: "Fale palavras de verdade!" Mas, "Fale! Fale!" pode ser o mesmo que "Viva! Viva!" ou "Mostre! Mostre!".

Talvez Wu-men soubesse o que estava fazendo ao pegar uma velha fala sobre sonhos e colá-la em nossas testas como uma lâmpada de mineiro. Se a ligarmos, o koan pode iluminar o nosso caminho. Não é apenas uma história em um livro budista, não mais do que um kachina é apenas uma figura em um livro sobre mitos ou sobre etnografia nativa.

Agora, abaixo, está o verso de Wu-men:

> Em plena luz do dia sob o céu azul,
> Ele ensinou um sonho em um sonho.
> Que absurdo! Que absurdo!
> Ele enganou toda a assembleia.

Em plena luz do dia, sob o vasto céu azul onde nada pode ser escondido, nenhum sonho nem nenhuma sombra sobrevive, ele ensinou um sonho em um sonho. Wu-men disse: "Você só pode estar brincando! Ele enganou a todos! *Essa* foi sua grande fala neste grande momento na assembleia dos Budas do passado e do futuro?"

Olhe outra vez. Que "eles?" *Nós!* Ele nos enganou! E ainda continua. Yang-shan pode ter pregado uma peça, mas Wu-men também. Ambos ainda estão nisso, enganando-nos agora, tirando-nos de nossos pequenos sonhos apertados, nossos pesadelos sombrios, pequenos, que causam sofrimento, alternadamente inseguros/autoafirmativos, e nos empurrando para a luz do sol, onde, por um momento, podemos piscar os olhos e rir. Com esse sonho, Yang-shan e Wu-men encontraram uma maneira não de jogar areia nos nossos olhos, mas, sim, de tirar areia dos nossos olhos. E foi um truque muito bom, você não acha?

Os Jataka e todos os seus seres humanos, animais e não humanos; todas as suas conversas sobre iluminação, ganho, perda, luta, realização, os budas, os Bodhisattvas, o carma; sobre vidas, meditação, saída de casa, insight, eremitérios, palácios e salas de prática são, em última análise, um *sonho*. Mas, ao contrário dos sonhos comuns, esse sonho é um despertador tocando ao lado da nossa cama, despertando-nos para acordar e enfrentar a luz do dia do "agora mesmo".

BIBLIOGRAFIA

Aitken, Robert. *The Gateless Barrier.* San Francisco: North Point Press, 1991.

The Mind of Clover: Essays in Zen Buddhist Ethics. San Francisco: North Point Press, 1984.

The Practice of Perfection: The Paramitas from a Zen Buddhist Perspective. New York: Pantheon Books. 1994.

Taking the Path of Zen. San Francisco: North Point Press, 1982.

Arntzen, Sonja, trans. *Ikkyu and the Crazy Cloud Anthology: A Poet of Medieval Japan.* Tokyo: University of Tokyo Press, 1986.

Bloch, Chana, and Stephen Mitchell. *The Selected Poetry of Yehuda Amichai: Newly Revised and Expanded Edition.* Berkeley, CA: University of California Press, 1996.

Blyth, R.H., *Haiku: In Four Volumes.* Tokyo: Hokuseido Press, 1952–1974.

Cleary, Thomas, trans. *Book of Serenity.* Hudson, NY: Lindisfarne Press, 1990.

Cleary, Thomas and J.C., trans. *The Blue Cliff Record.* Boston: Shambhala Publications, 1992.

Cook, Francis Dojun, trans. *The Record of Transmitting the Light: Zen Master Keizan's Denkoroku.* Boston: Wisdom Publications, 2003.

Cowell, E.B., ed. *The Jataka, or Stories of the Buddha's Former Births.* Translated from the Pali. 3 vols. 1895. Reprint, London: Pali Text Society, 1973. Distributed by Motilal Banarsidass, Delhi.

de Saint-Exupery, Antoine. *Wind, Sand and Stars.* New York: Harcourt Brace, 1967.

Dresden, Mark J., trans. *The Jatakastava, or Praise of the Buddha's Former Births.* Vol. 45, part 5 of New Series. Philadelphia, PA: Transactions of the American Philosophical Society, 1955.

Erdman, David V., ed. *The Poetry and Prose of William Blake.* Garden City, NY: Doubleday & Company Inc., 1965.

Fitzgerald, Robert, trans. *Homer: The Odyssey.* Garden City, NY: Doubleday & Company, Inc., 1961.

Grimm, Brothers. *The Complete Grimm's Fairy Tales.* New York: Pantheon Books, 1972.

Hall, Donald. *Life Work.* Boston, MA: Beacon Press, 2003.

Herold, A. Ferdinand. Translated by Paul C. Blum. *The Life of the Buddha: According to the Legends of Ancient India.* Tokyo: Charles E. Tuttle Co., 1954.

Hinton, David, trans. *The Late Poems of Wang An-Shih.* New York: New Directions, 2015.

Hori, Victor Sogen. *Zen Sand: The Book of Capping Phrases for Koan Practice.* Honolulu: University of Hawaii Press, 2003.

Johnston, E.H., trans. *The Buddhacarita or Acts of the Buddha.* New Delhi: Oriental Books Reprint Corporation, 1972.

Kapleau, Philip. *The Three Pillars of Zen.* Revised and expanded edition. Garden City, NY: Doubleday, 1988.

Kipling, Rudyard. *The Jungle Book.* New York: Penguin Putnam Inc., 1987.

Koroche, Peter, trans. *Once the Buddha Was a Monkey: Aryasura's Jatakamala.*

Chicago: The University of Chicago Press, 1989.

Martin, Rafe. *The Banyan Deer: A Parable of Courage and Compassion*. Somerville, MA: Wisdom Publications, 2010.

Brave Little Parrot. New York: G.P. Putnam's Sons, 1998.

Endless Path: Awakening within the Buddhist Imagination; Jataka Tales, Zen Practice, and Daily Life. Berkeley, CA: North Atlantic Books, 2010.

Foolish Rabbit's Big Mistake. New York: G.P. Putnam's Sons, 1985.

The Hungry Tigress: Buddhist Myths, Legends, & Jataka Tales. Completely revised & expanded edition. Cambridge, MA: Yellow Moon Press, 1999.

The Monkey Bridge. New York: Alfred A. Knopf, 1997.

Mitra, Rajendralal. *Sanskrit Buddhist Literature of Nepal*. Calcutta, India: Asiatic Society of Bengal, 1882.

Obeyesekere, Ranjini, trans. *Yasodhara, the Wife of the Bodhisattva: The Sinhala Yasodharavata (The Story of Yasodhara) and the Sinhala Yasodharapadanaya (The Sacred Biography of Yasodhara)*. Albany, NY: State University of New York Press, 2009.

Oliver, Mary. *New and Selected Poems*. Boston: Beacon Press, 1992.

Poppe, Nicholas, trans. *The Twelve Deeds of the Buddha: A Mongolian Version of the Lalitavistara*. Seattle: University of Washington Press, 1967.

Pyle, Howard. *The Merry Adventures of Robin Hood*. New York: Dover Publications, 1968.

Rhys Davids, T.W., trans. *Buddhist Birth-Stories (Jataka Tales): The Commentorial Introduction Entitled Nidana-Katha; The Story of the Lineage*. London: George Routledge & Sons Ltd, n.d. Rotman, Andy, trans. *Divine Stories: Divyavadana, Part 1*. Somerville, MA: Wisdom Publications, 2008.

Safina, Carl. *Beyond Words: What Animals Think and Feel*. New York: Henry Holt and Company, 2015.

Sasaki, Ruth Fuller, Iriya Yoshitaka, and Dana R. Fraser. *The Recorded Sayings of Layman P'ang: A Ninth-Century Zen Classic.* New York: Weatherhill, 1971.

Seaton, J.P., and Dennis Maloney. *A Drifting Boat: Chinese Zen Poetry.* Fredonia, NY: White Pine Press, 1982.

Shaw, Sarah, trans. *The Jatakas: Birth Stories of the Bodhisattva.* New York: The Penguin Group, 2006.

Shibayama, Zenkei. *Zen Comments on the Mumonkan.* New York: New American Library, 1974.

Snyder, Gary. *Mountains and Rivers without End.* Washington, DC: Counterpoint, 1996.

———. *The Practice of the Wild.* San Francisco: North Point Press, 1990.

———. *This Present Moment: New Poems.* Berkeley, CA: Counterpoint, 2015.

Stevens, John, trans. *One Robe, One Bowl: The Zen Poetry of Ryokan.* New York: Weatherhill, 1977.

———. *Rengetsu: Life and Poetry of Lotus Moon.* Brattleboro, VT: Echo Point Books & Media, 2014.

———. *Wild Ways: Zen Poems of Ikkyu.* Buffalo, NY: White Pine Press, 2003.

Stevens, Wallace. *The Collected Poems of Wallace Stevens.* New York: Alfred A. Knopf, 1991.

Tanahashi, Kazuaki, trans. *Treasury of the True Dharma Eye: Zen Master Dogen's Shobo Genzo.* Boston: Shambhala, 2010.

Tolkein, J.R.R. *The Hobbit.* Boston: Houghton Mifflin Company, 1966.

Trevor, M.H., trans. *The Ox and His Herdsman: A Chinese Zen Text with Commentary and Pointers by Master D.R. Otsu and Japanese Illustrations of the Fifteenth Century.* Tokyo: Hokuseido Press, 1969.

Un, Ko. *What?: 108 Zen Poems.* Berkeley, CA. Parallax Press, 2008.

Van der Post, Laurens. *The Heart of the Hunter: Customs and Myths of the African*

Bushman. New York: Harcourt Brace Jovanovich, 1980.

Waddell, Norman, trans. *Poison Blossoms from a Thicket of Thorn: Hakuin Zenji*. Berkeley, CA: Counterpoint, 2014.

Watson, Burton, trans. *The Vimalakirti Sutra*. New York: Columbia University Press. 1997.

Wray, Elizabeth, Carla Rosenfeld, Dorothy Bailey, and Joe Wray. *Ten Lives of the Buddha: Siamese Temple Paintings and Jataka Tales*. New York: Weatherhill, 1972.

Yeats, William Butler. *The Collected Poems of W.B. Yeats*. New York: The Macmillan Company, 1965.

Sobre o autor

Rafe Martin é um professor leigo do Budismo Zen, na linha Harada--Yasutani koan e professor fundador da Endless Path Zendo, em Rochester, no estado norte-americano de Nova York. É autor premiado e contador de histórias, com trabalhos citados em publicações como *Time*, *Newsweek*, *New York Times* e *USA Today*. Seus livros budistas anteriores incluem *The hungry tigress*, *endless path: awakening in the buddhist imagination* e *The banyan deer*. Rafe Martin pode ser contatado nos websites:
www.endlesspathzendo.org
www.rafemartin.com

Que muitos seres sejam beneficiados.

O selo eureciclo faz a compensação ambiental das
embalagens usadas pela Editora Lúcida Letra.

Este livro foi diagramado por Mariana Erthal (www.eehdesign.com), com
as fontes Garamond Premier Pro, Acumin Pro Condensed e Trajana Sans,
e impresso na gráfica da Editora Vozes, em outubro de 2021.